CANOVA

SOMMARIO

Marco F. Apolloni

In copertina:
Ebe
(1800-1805),
particolare;
San Pietroburgo,
Ermitage.

Nella pagina a fianco:
Autoritratto
(1790),
particolare;
Firenze,
Uffizi.

A destra:
Ninfa dormiente
(1821);
Londra,
Victoria and Albert
Museum.

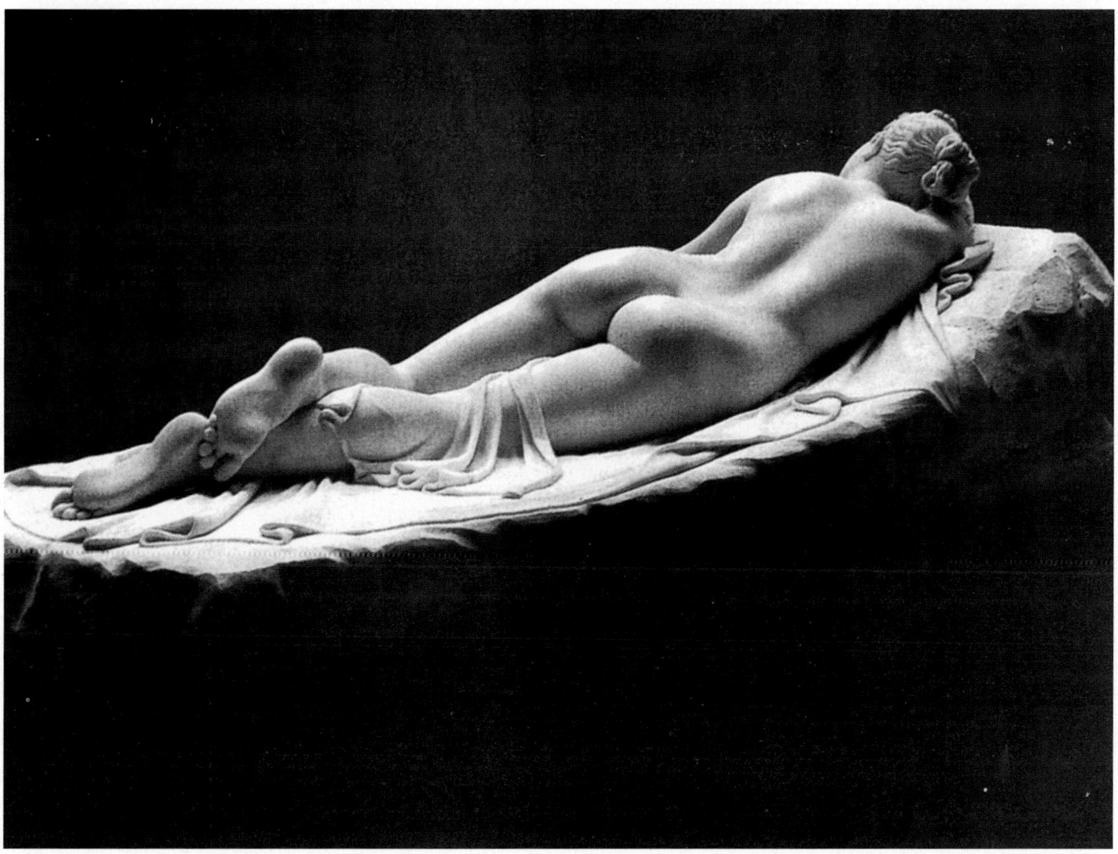

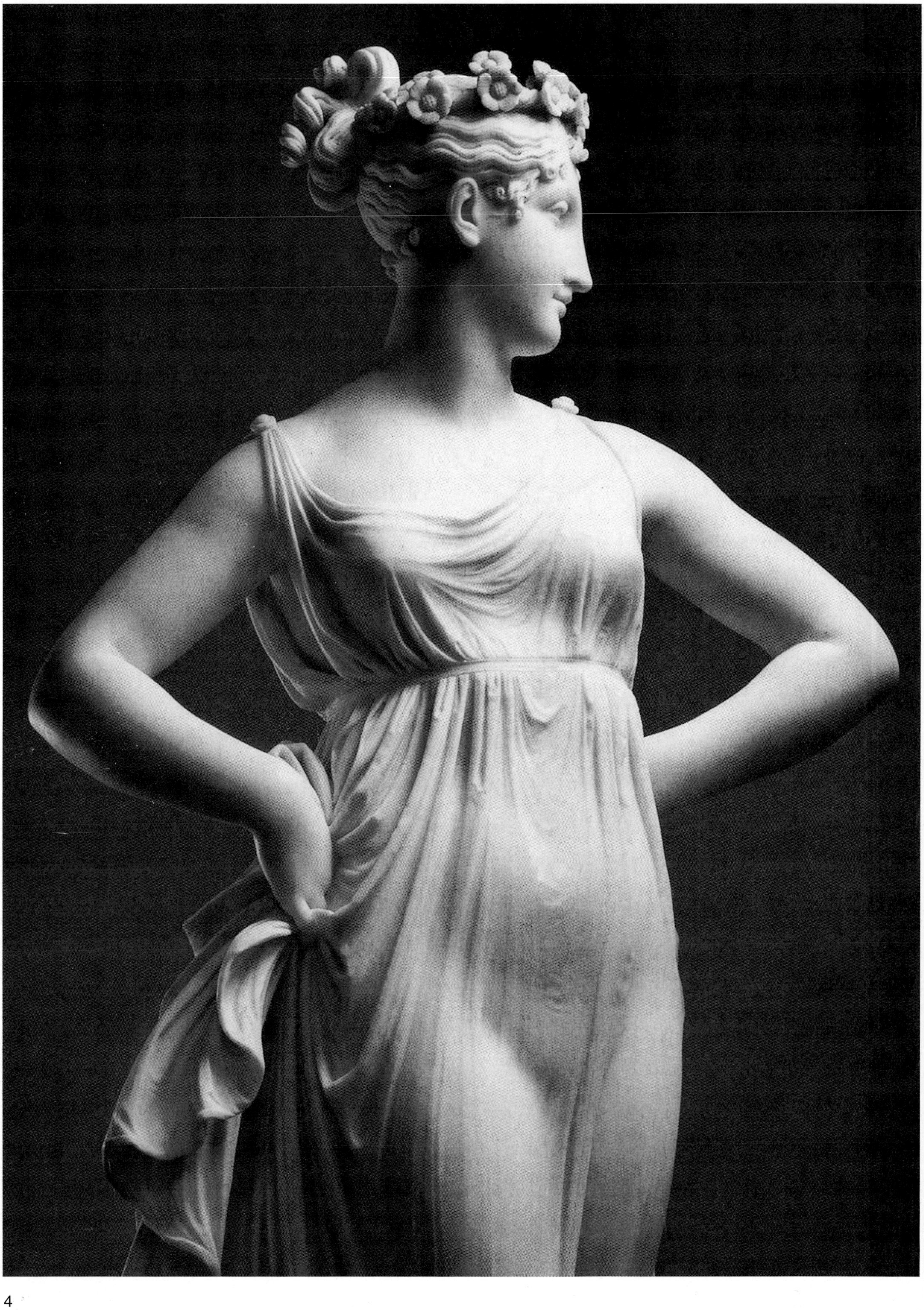

Lo scultore di Possagno

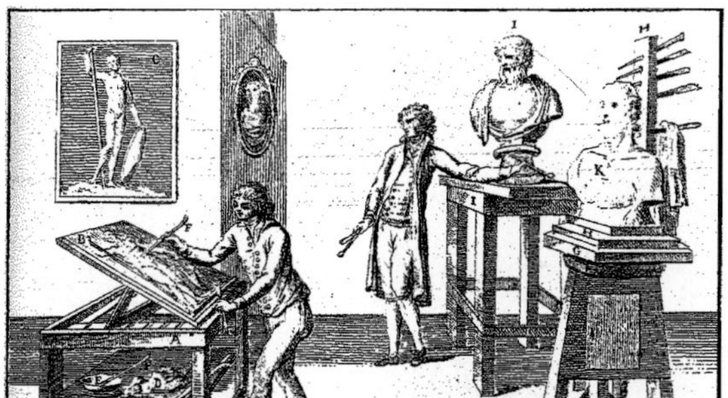

Nella pagina a fianco:
Danzatrice con le mani ai fianchi (1806-1812), particolare; San Pietroburgo, Ermitage.

Commissionata da Giuseppina Beauharnais per la sua residenza della Malmaison, fu acquistata alla sua morte, avvenuta nel 1814, assieme alle altre opere canoviane appartenute all'ex imperatrice, dallo zar di Russia Alessandro I.

Qui sopra:
Modellare con terra, tavola dal manuale dello scultore Francesco Carradori *Istruzione Elementare per gli Studiosi di Scoltura,* pubblicato a Firenze nel 1802.

E' **PRATICA** comune, e sleale certamente, riferire alla tenera infanzia di un uomo diventato poi grande e famoso, le ragioni della sua grandezza e della conseguente fama. Così Michelangelo stesso, per bocca dei suoi biografi, ci ha fatto sapere di essere stato allattato da una balia figlia e moglie di scalpellini, e d'aver forse preso già con il latte quell'amore per il marmo che fu la passione della sua vita. Antonio Canova nacque il primo novembre 1757 in una famiglia di tagliapietre e scalpellini, pratici d'architettura e per un tempo anche padroni di cave in Possagno. Il padre tagliapietra morì giovanissimo quando Antonio era ancora un bambino di quattro anni; il nonno, a cui la madre lo lasciò risposandosi, mezzo rovinato da speculazioni sbagliate, era tagliapietra anche lui.

Fu naturale che anche Antonio, sin da piccolo, fosse messo a far pratica lavorando a scolpire quella pietra per costruzioni e ornamenti architettonici che era l'industria del luogo. Naturale e logico è anche affermare che proprio da questo precoce inizio Canova abbia ricavato quella sua particolare facilità di lavoro. Altrettanto logico che egli non fosse l'unico ragazzino di Possagno messo a lavorare la pietra, eppure nessun'altro dei suoi contemporanei e compaesani divenne noto nella sua arte, né tantomeno il più grande e famoso scultore dell'età contemporanea: nessun'altro fece sì che Possagno, sulle carte geografiche dell'inizio del secolo scorso recasse, per distinguersi dagli altri puntini sparsi ai piedi del monte Grappa, altro che la dicitura «Patria del Canova».

Ma se ci si poteva anche aspettare che un ragazzino come Michelangelo messo a balia in una famiglia di scalpellini finisse per diventare un grande scultore nella Firenze di Lorenzo il Magnifico, più difficile assai da prevedere, e più straordinario, fu l'esito del figlio e nipote di scalpellini che si ritrovò nella Venezia di Goldoni e Casanova a massacrarsi di lavoro in una bottega di scultura, quella dei Torretti, che potremmo dire mediocre se però non fosse stata una delle più notevoli e famose, da ben tre generazioni.

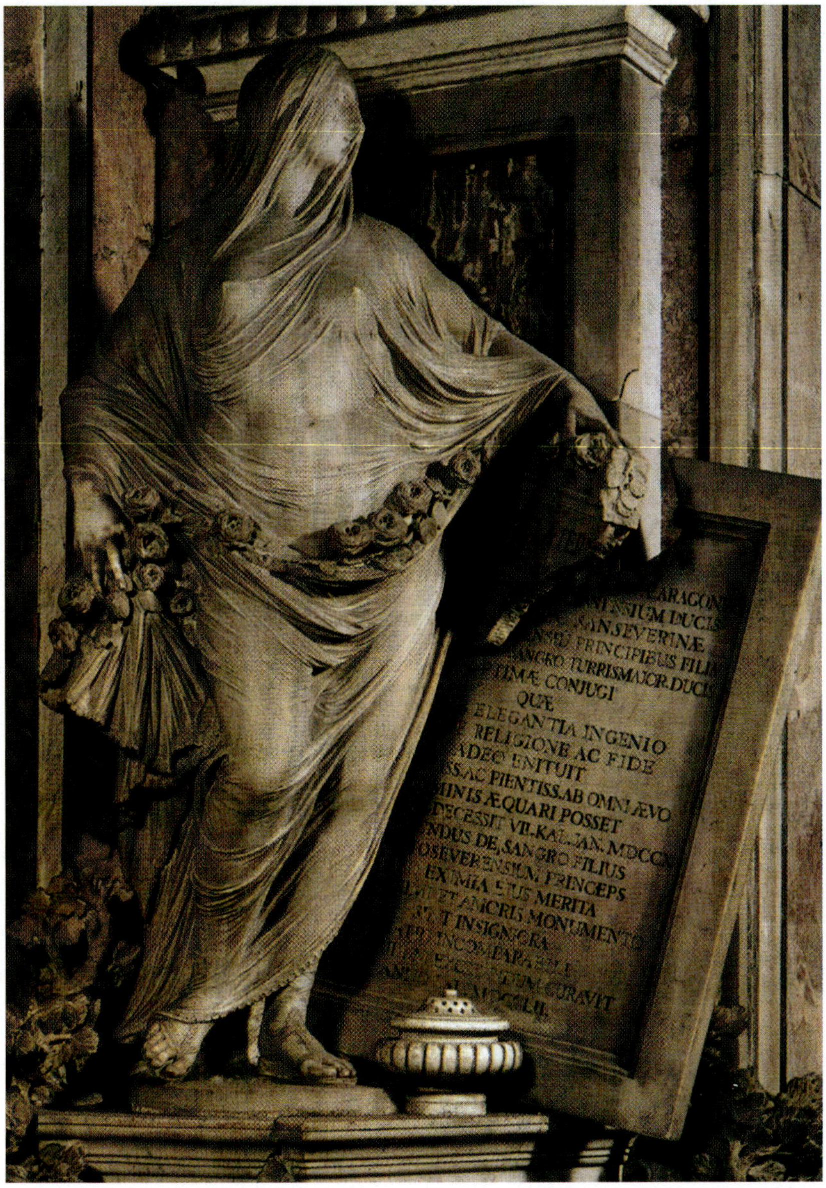

Antonio Corradini,
Pudicizia
(1752);
Napoli,
cappella Sansevero.

Dal *Diario di Viaggio* di Canova: «Napoli, 2 febr.o 1780. [...] questa capella è ripiena di statue, vi è anco la statua velata fatta dal Corradini con l'iscrizione [...] in queste parole. "Antonio Corradino Veneto Scultori Cesareo et appositi simulacri vel ipsis grecis invidendi Autori qui dum reliquia hujus Templi ornamententa meditabatur obit A. MDCCLII"».

Non si vuol dire che la scultura veneziana del tempo fosse morta, ma certo vi erano poche e mediocri occasioni di lavorare il marmo se non per decorazione, e lo stucco e la pietra tenera bastavano per le statue da giardino che andavano di moda allora, divinità o pastorellerie prese dalle pitture del Tiepolo e pietrificate alla bell'e meglio. In compenso erano rimaste a Venezia opere dello scultore veneto Antonio Corradini, rimasto ancora famoso per il virtuosismo – ma meglio sarebbe dire senza dubbio bravura – delle sue statue velate, le cui forme son modellate ancor più sensualmente dal panneggio di quanto non sarebbero se apparissero scolpite nude. L'estro del Corradini si consumò altrove in Europa e lasciò il suo ultimo capolavoro, la più erotica personificazione della *Pudicizia* che si potesse mai scolpire, nella cappella Sansevero a Napoli, prima di morire ultraottantenne nel 1752, cinque anni prima che Canova nascesse.

Eppure Canova osservò con molta attenzione la *Pudicizia* del Corradini quando visitò Napoli venendo da Roma nel 1780, mostrando bene di conoscerne l'autore e di aver già studiato le sue opere veneziane. Il virtuosismo esasperato della scultura, da Canova deprecato ad alta voce, aveva per lui la fascinazione di un vizio, e pur dichiarando di astenersene, lo pra-

(Ad Antonio Corradini Veneto, scultore imperiale e autore della statua qui posta che gli stessi Greci invidierebbero, il quale morì nel 1752, mentre stava meditando la restante ornamentazione di questa chiesa).

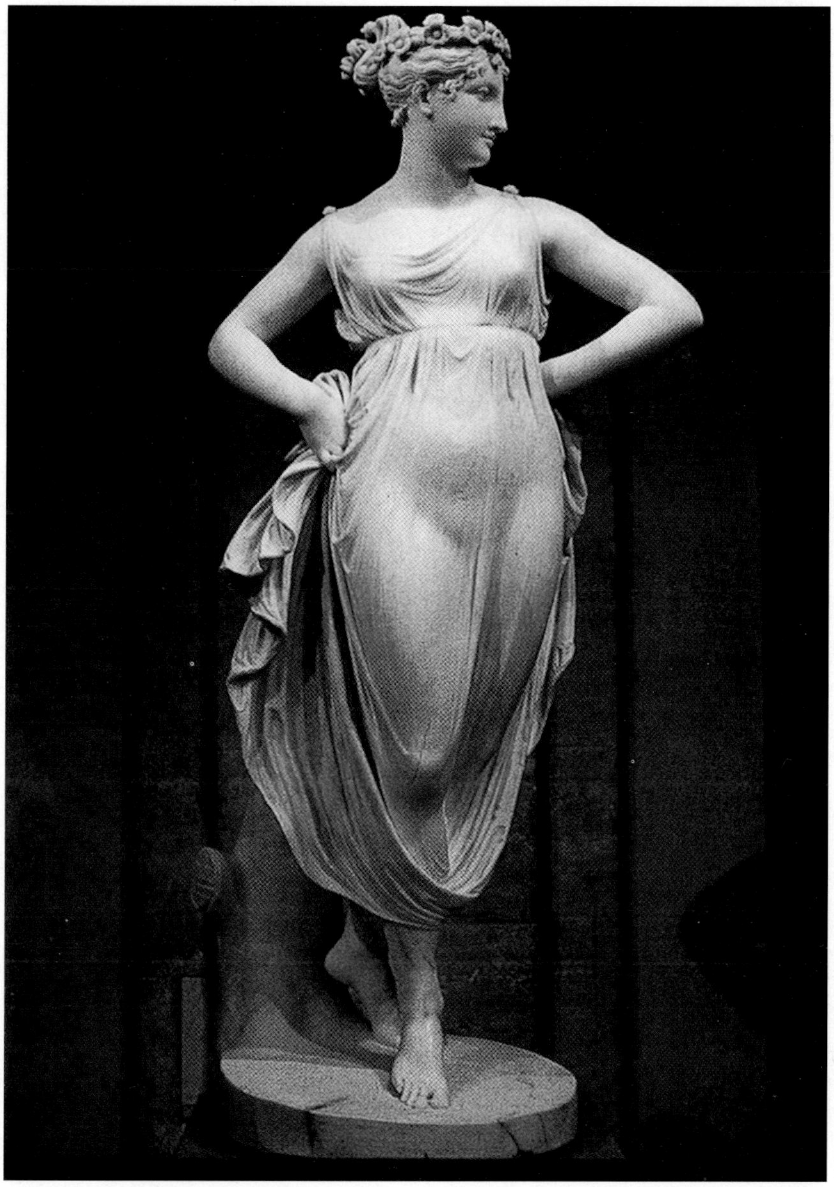

Danzatrice con le mani ai fianchi (1806-1812); San Pietroburgo, Ermitage.

Una replica tarda (1818-1822) del Canova si trova nella National Gallery di Ottawa. Il solo busto fu scolpito nel 1816-1817 per essere donato a Lord Wellington, vincitore di Waterloo e protettore del Canova.

ticò senza vergogna rendendo unica e inimitabile la propria pratica neoclassica. L'aderenza del panneggio alle carni, lo studio nel rendere le pieghe come se da esse dovessero dipendere il carattere e l'espressione di un'opera, l'attenzione alla resa delle superfici diversamente trattate, così da poter imitare nella stessa materia marmorea l'apparenza di due diverse qualità di stoffa o l'illusione della morbidezza della pelle umana, così come ogni altro effetto che pur riguardando la superficie di una scultura non è per questo una parte meno sostanziale della natura di quest'arte, Canova lo imparò già a Venezia, nella bottega dei Torretti, o paragonando con i propri occhi ciò che si faceva là – e non era gran che – con le opere del passato remoto e prossimo – ed era molto – sparse nelle chiese della città.

Che poi studiasse con attenzione – e copiasse – i gessi delle più famose statue antiche – l'*Apollo del Belvedere*, i *Lottatori* di Firenze – che si trovavano nella galleria Farsetti di Venezia, metà collezione aperta al pubblico, metà accademia, e anche un po' trovarobato artistico, non vuol dire che egli avesse già sentito a pieno il richiamo dell'antichità classica così rara da osservarsi a Venezia, né che dai gessi egli abbia potuto imparare a scolpire. Un gesso è uguale a una scultura solo in fotogra-

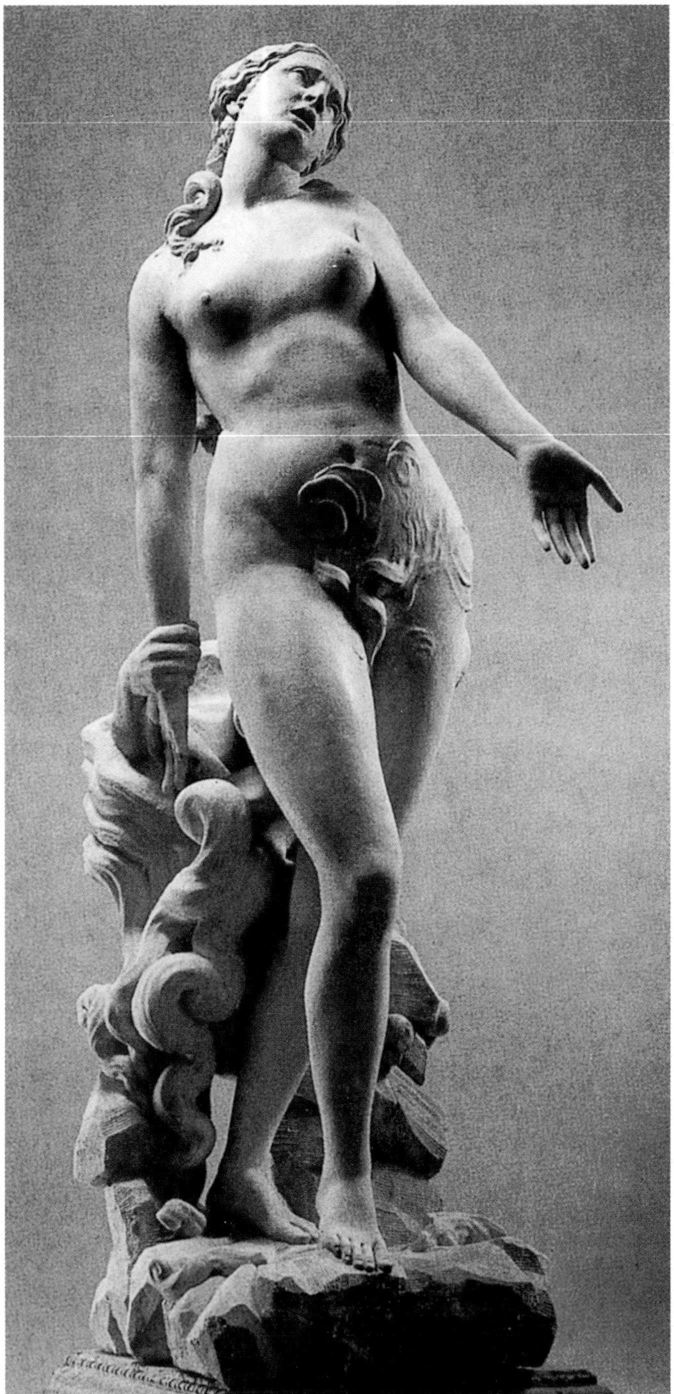

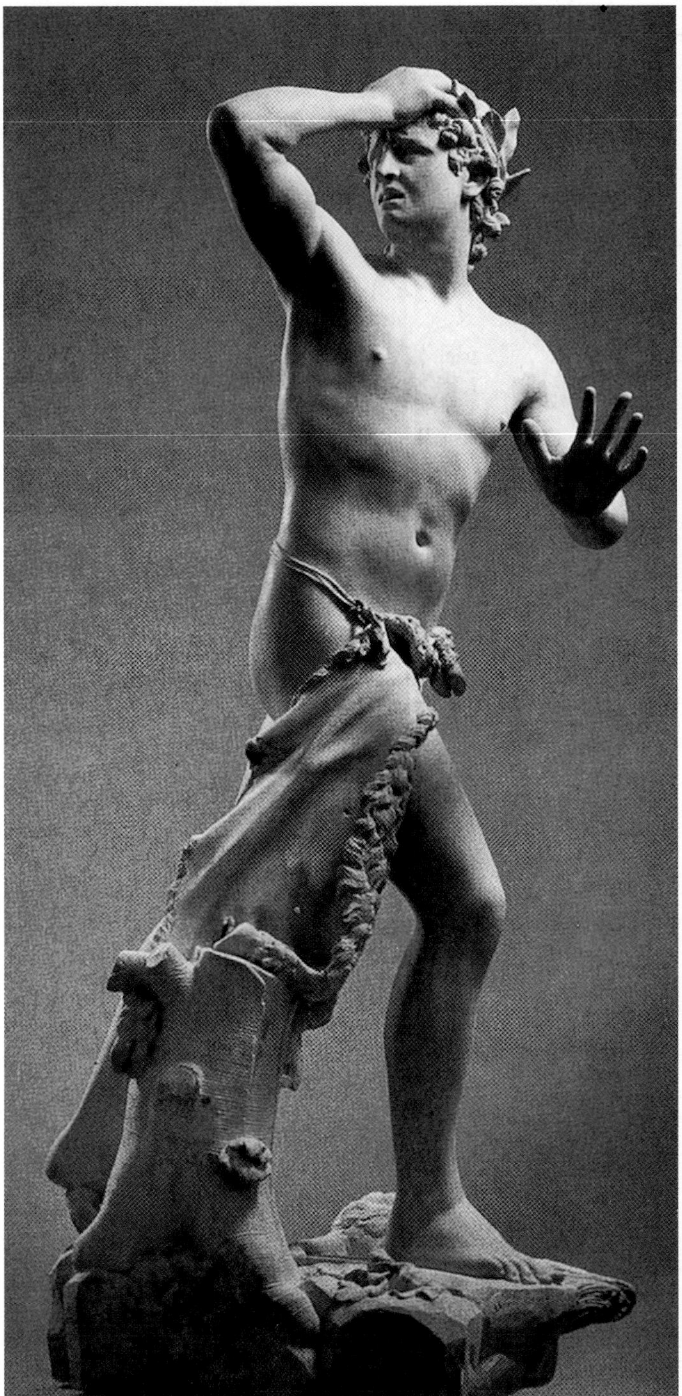

Qui sopra:
Euridice
(1773-1775);
Venezia,
museo Correr.

La statua in pietra fu eseguita, assieme all'*Orfeo*, per il senatore Giovanni Falier a ornamento della sua villa presso Asolo.

fia, o al tempo di Canova in un disegno paziente d'accademia eseguito alla luce di una lucerna. Alla luce naturale, allo sguardo, un gesso non ha nulla in comune con la scultura da cui è tratto, se non il fatto di occupare lo stesso spazio: la scultura marmorea è soprattutto superficie, è quel che la luce rende ai nostri occhi della superficie di un marmo. Da un gesso può imparare più un pittore che uno scultore la tecnica della sua arte. Ci sarà modo di spiegarsi più avanti, quando parleremo dei marmi di Canova e dei suoi gessi, modelli e calchi.

La giovinezza del Canova è piena di miracoli come lo è sempre quella dei grandi artisti. Si favoleggia di un leone di san Marco che gli procurò le prime protezioni che favorirono la sua carriera, scolpito in un grosso pane di burro per una tavolata di casa Falier.

Dei due *Cesti di frutta* che ornavano lo scalone di palazzo

Qui sopra:
Orfeo
(1775-1776);
Venezia,
museo Correr.

È pendant della *Euridice*. Dell'*Orfeo* esiste una replica in marmo, eseguita nel 1777 per il senatore Grimani e ora conservata all'Ermitage di San Pietroburgo.

Farsetti a Venezia (Venezia, museo Correr), vi è chi ha scritto meraviglie confortato dal fatto che fossero opera del Canova quindicenne ma, forse, questi non avrebbero gran valore se poi Canova non avesse scolpito ben altro: l'*Orfeo* e l'*Euridice*, per esempio (Venezia, museo Correr e replica in marmo del solo *Orfeo* all'Ermitage di San Pietroburgo), opere in cui l'artista esordiente impegnò tutta la sua volontà ed energia giovanile, e che infatti a Venezia lo fecero diventare già famoso non ancora ventenne.

Commissionate dal suo primo protettore, il senatore Giovanni Falier per la sua villa ai Predazzi presso Asolo, queste due sculture si portano generalmente a esempio di come diverso divenne Canova a Roma, a contatto con le opere dell'antichità classica. Poco studio dei muscoli, leziosità di sospiri, assillo rococò di rendere in scultura il mobile spiraleggiare delle fiamme. In realtà è sorprendente quanto ci sia già qui tanto del Canova futuro e quanto a certe cose egli rimarrà sempre fedele. Quando nel 1816 il papa lo farà marchese d'Ischia, Canova, che pure non ci teneva molto, sceglierà a ornamento del proprio stemma la lira di Orfeo e il serpe che morse Euridice: era un affettuoso scherzo sui propri inizi, ma lo presero sul serio e

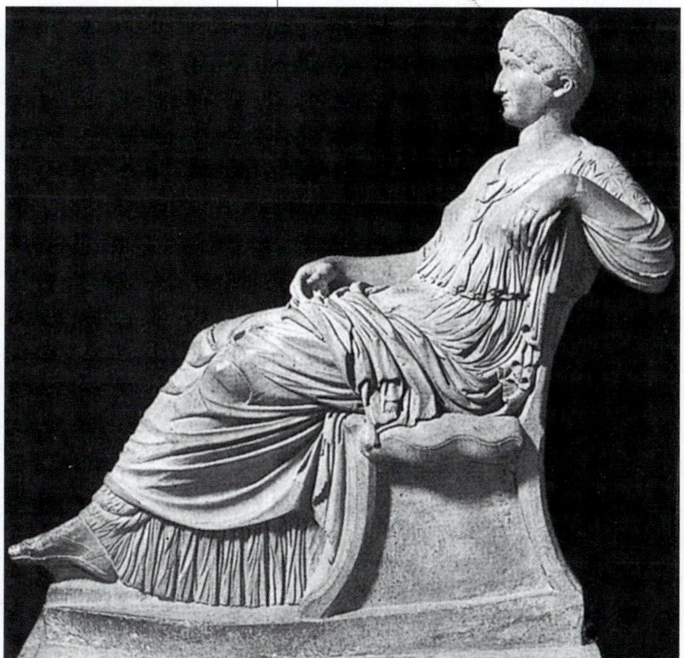

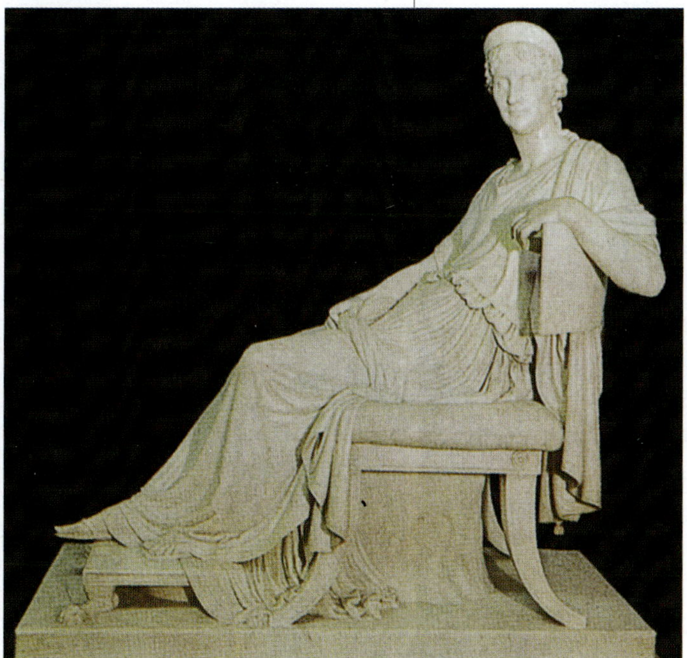

infatti, dopo la morte, glieli scolpirono sulla tomba come se Canova avesse avuto bisogno di un simile attestato di nobiltà. Ma tornando a queste prime due statue, anche solo il modo di spezzare un gruppo di due figure distinte, proprio da scalone di palazzo veneziano, egli lo ripeterà ancora, incontrando la rispettosa incomprensione dei suoi contemporanei, almeno due volte, e molto più tardi: nei *Pugilatori* del Vaticano e nell'*Ettore e Aiace* che lasciò invenduti nel suo studio fino alla morte.

Un gruppo invece, un vero gruppo perfettamente bilanciato nel contrapposto dei movimenti di due figure, di due sentimenti diversi, della vecchiaia accanto alla gioventù, è invece quello di *Dedalo e Icaro*, l'opera che gli permise di partirsene per Roma, così come i suoi eroi dal labirinto di Creta: il suo Icaro sorride incosciente della fine che gli riserva il mito: anche il giovane Canova sarà un Icaro felice, vedrà da vicino il so-

Qui sopra:
Agrippina
(III-IV secolo d.C.?);
Roma,
Musei capitolini.

Questa statua, a cui Canova si ispirò per il ritratto di *Letizia Ramorino*, è oggi riconosciuta come un ritratto di *Elena*, madre di Costantino, ma nel Settecento vi si identificava Agrippina, madre di Nerone.

Qui sopra:
Letizia Ramorino
(1805-1807);
Chatsworth,
collezione del duca
di Devonshire.

Ritornato Luigi XVIII sul trono di Francia, il ritratto della madre di Napoleone fu ceduto, nonostante che Canova stesso volesse riacquistarla, al duca di Devonshire.

Qui sotto:
Alvise Valaresso come Esculapio (1778); Padova, Museo civico.

La statua fu eseguita per il Prato della Valle di Padova, dove sono collocate le statue di tutti gli uomini benemeriti della città. Valaresso era stato provveditore di sanità durante la peste del 1631.

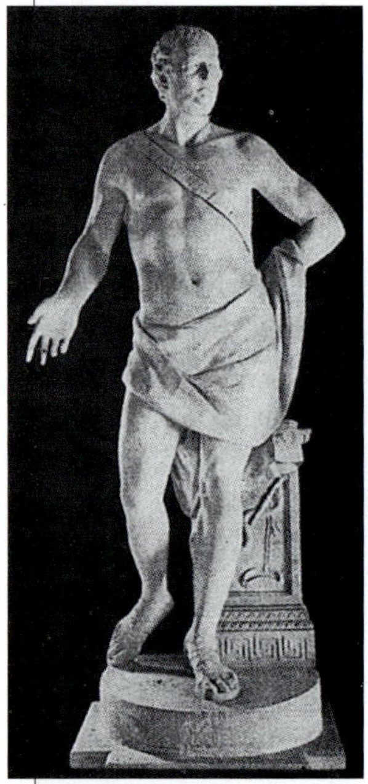

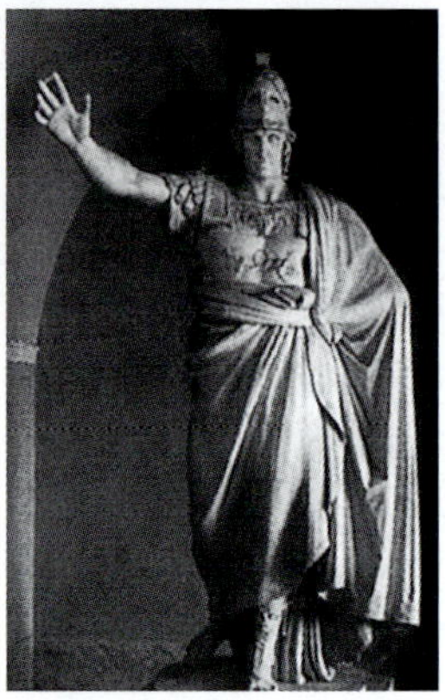

Ferdinando IV come Minerva (1801-1815/1820); Napoli, Museo nazionale.

Modellata nel 1801, la statua fu eseguita solo tra il 1815 e il 1820.

le della bellezza e cadrà nel mare della grecità, ma guadagnandone la vita eterna. Come ha notato per primo Argan, infatti, ai piedi di Dedalo giacciono uno scalpello e un mazzuolo, a indicare che l'opera può leggersi come una metafora della scultura, e forse come un'allegoria personale che Canova ha dedicato a se stesso scultore.

Se l'aneddoto è vero, Canova dev'essere stato grato ad Angelo Querini, che gli commissionò un ritratto del suo alleato politico Paolo Renier: quando quest'ultimo divenne doge grazie al Querini per poi tradirlo, quello si prese la sua inutile vendetta distruggendo il ritratto. Canova avrebbe voluto poter fare altrettanto con le opere lasciate dietro di sé a Venezia, completate o da completare, e che a Roma soffriva di dover riconoscere come sue.

Il marchese Poleni, professore di idrodinamica all'università di Padova, ritratto come un filosofo cinico, il senatore Alvise Valaresso, provveditore di Sanità, ritratto come Esculapio (entrambi a Padova, museo Civico), non sono opere che fanno sfigurare lo scultore della *Venere Italica* o delle *Grazie,* ma certo lo hanno fatto pentire di essersi dovuto affaticare, per campare, a consacrare non la propria fama, ma quella di altri uomini altrimenti destinati all'oscurità e ora al ridicolo di attributi eroici o divini di cui si è perduto il senso. Canova non lascerà occasione di manifestare la propria ripugnanza a eseguire ritratti, non perché egli non avesse il dono di catturare la fisionomia degli individui, ma perché non voleva legare il suo nome a quello d'altri se non quando avvertì di trovarsi di fronte a un mito destinato all'immortalità: Napoleone come Marte, sua madre Letizia come Agrippina, Paolina come Venere, sarebbero ancora oggi ricordati con paragoni simili anche se Canova non li avesse ritratti così. Ferdinando IV di Napoli, "re Nasone" che Canova mascherò nel 1820 in veste di Minerva, è più ridicolo così che in tutte le caricature che ne fece Alexandre Dumas.

Qui sotto:
Dedalo e Icaro (1777-1779); Venezia, museo Correr.

Il gruppo, destinato inizialmente a ornare la facciata del palazzo dei Pisani di San Polo a Venezia, fu posto invece all'interno, allora ornato di quadri famosi, come *La famiglia di Dario* del Veronese, ora a Londra.

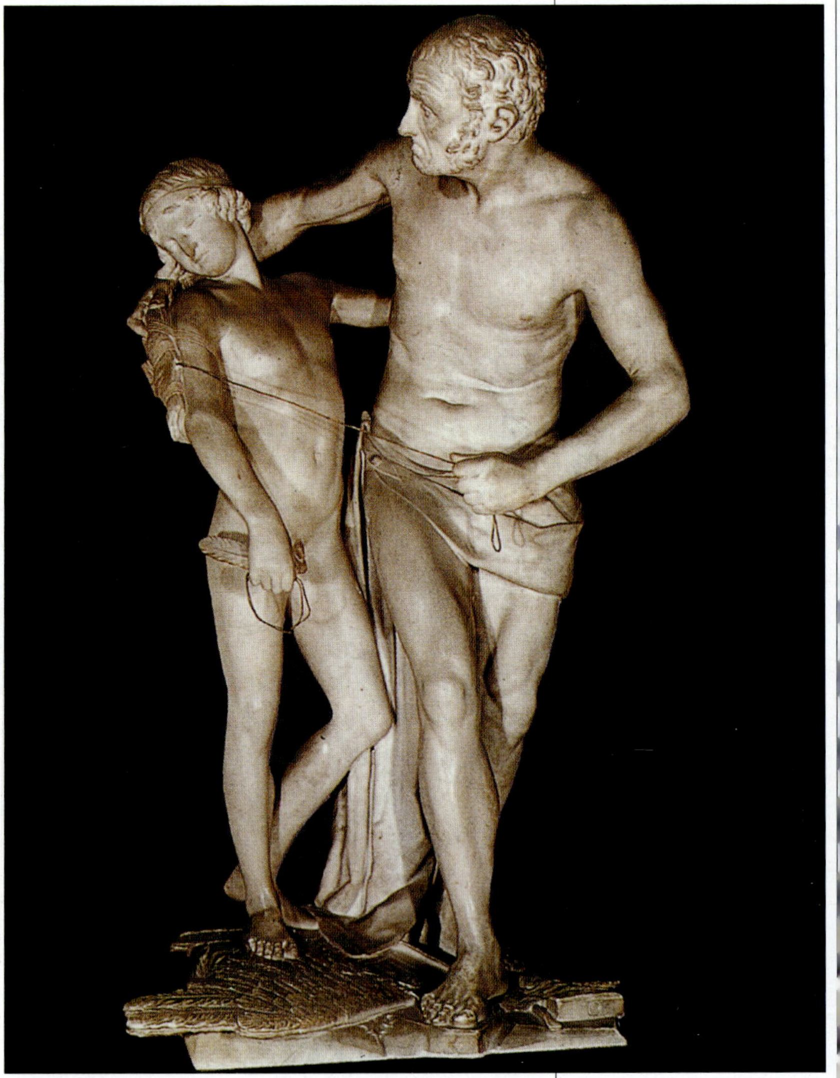

Paolina Borghese come Venere vincitrice (1804-1808), particolare; Roma, galleria Borghese.

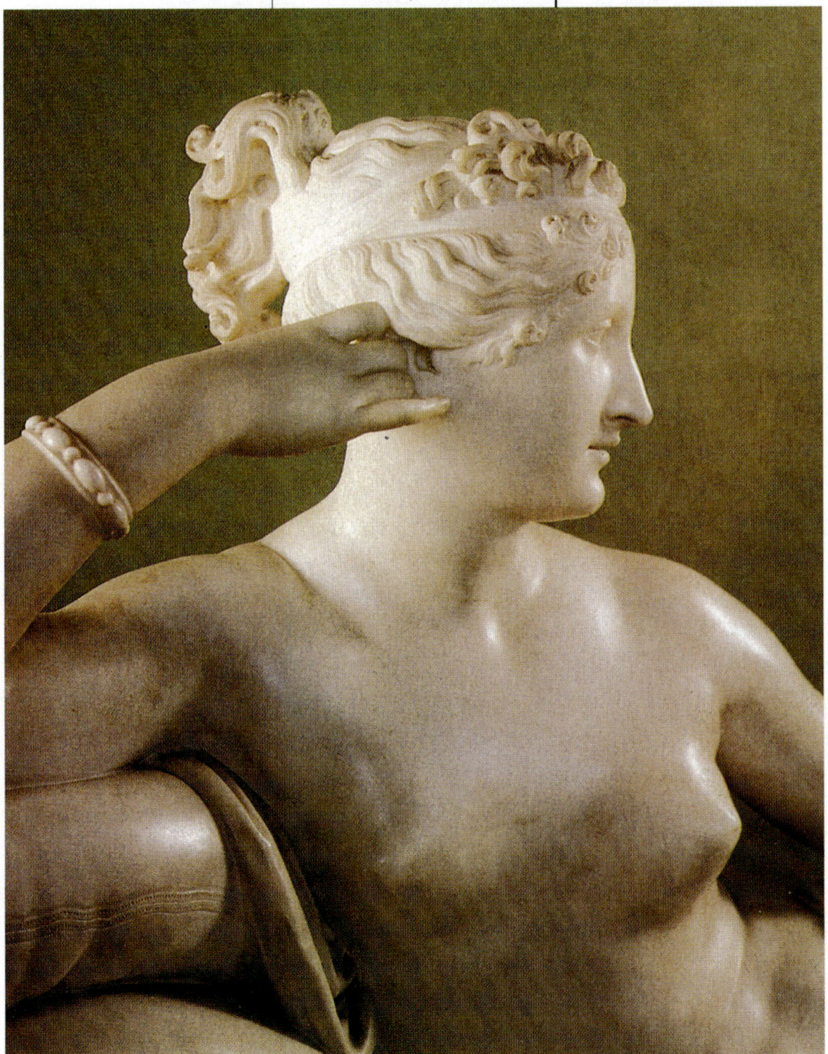

Come lo scultore "finiva" le sue statue

LA PELLE DI CANOVA

Abbiamo detto come sia importante per la scultura, e per la scultura di Canova in particolare, la superficie del marmo. Non abbiamo detto quanto questa sia delicata, e quanto indelicatamente è stata trattata dai posteri.

Il biancore cimiteriale del marmo di Carrara, che nel Novecento è stato rimproverato alle sue statue come una colpa, non è proprio colpa del Canova, ma di coloro che volendo pulire i suoi marmi dalla polvere, o dall'ingiallimento della patina di cera che era stata loro data originalmente, hanno in realtà letteralmente scuoiato le sculture dell'artista.

Il passato è passato, ma queste torture indiscriminate continuano a praticarsi ancora oggi da restauratori senza buona pratica e senza criterio, senza rendersi conto che non si rovina un dettaglio dell'opera, ma la sua stessa essenza.

Canova aveva del marmo scienza profondissima e aveva chiara coscienza delle particolarità del marmo di Carrara rispetto ai più fini marmi di Grecia usati dai suoi classici predecessori.

Egli pensò sempre che il biancore di questa materia andasse in qualche modo attenuato e che i pori del marmo, materia più assorbente delle spugne, andavano "chiusi" offrendo alla luce una superficie compatta su cui essa potesse riflettersi come sull'avorio o l'alabastro e non restituire, come purtroppo ora si vede in molti casi, l'impressione di contemplare un blocco di sale o di zucchero raffinato.

Troppo lungo sarebbe spiegare come, nel corso della sua vita, Canova trattasse la "pelle" dei suoi marmi, facendoli lucidare con pomice sempre più impalpabile fino al punto che lo strofinìo anche di un solo granello di sabbia avrebbe potuto rovinare il lustro della materia. Per attenuarne il biancore egli usò certamente la cera, colorandola a volte, ma impercettibilmente, per dare alle parti d'incarnato delle sue statue una lieve apparenza di vita.

Sapeva che gli antichi arrossavano le labbra e le guance persino ai loro bronzi, ed egli diede un poco di minio sulle gote e al sorriso della sua *Ebe*.

La cosa non piacque ai suoi contemporanei. Ed egli cambiò pratica, si accontentò di spennellare le sue statue con "acqua di rota", cioè con l'acqua che si fa colare sulla mola per non surriscaldare i ferri e gli scalpelli che si arrotano. Dava al marmo un tono più naturale e non ingialliva come la cera.

Col tempo si rese sempre più conto che gli effetti di superficie del marmo sono più efficaci controllando in modi diversi il lavoro della raspa prima ancora della lustratura, e infatti vi sono parti nelle sue sculture dove una residua scabrosità del marmo, là dove si vede ancora il segno del morso del ferro, a distanza rende paradossalmente un effetto di morbidezza inimmaginabile, dando alle ombre quello "sfumato" che nel disegno é possibile con il minuto tratteggio o con lo sgranarsi del lapis sulla rugosità della carta.

Eppure tanto amore e tanto studio è più fragile e delicato del colore di un dipinto, e i nostri restauratori continuano a pulire le sue sculture con la sabbia a pressione.

M. F. A.

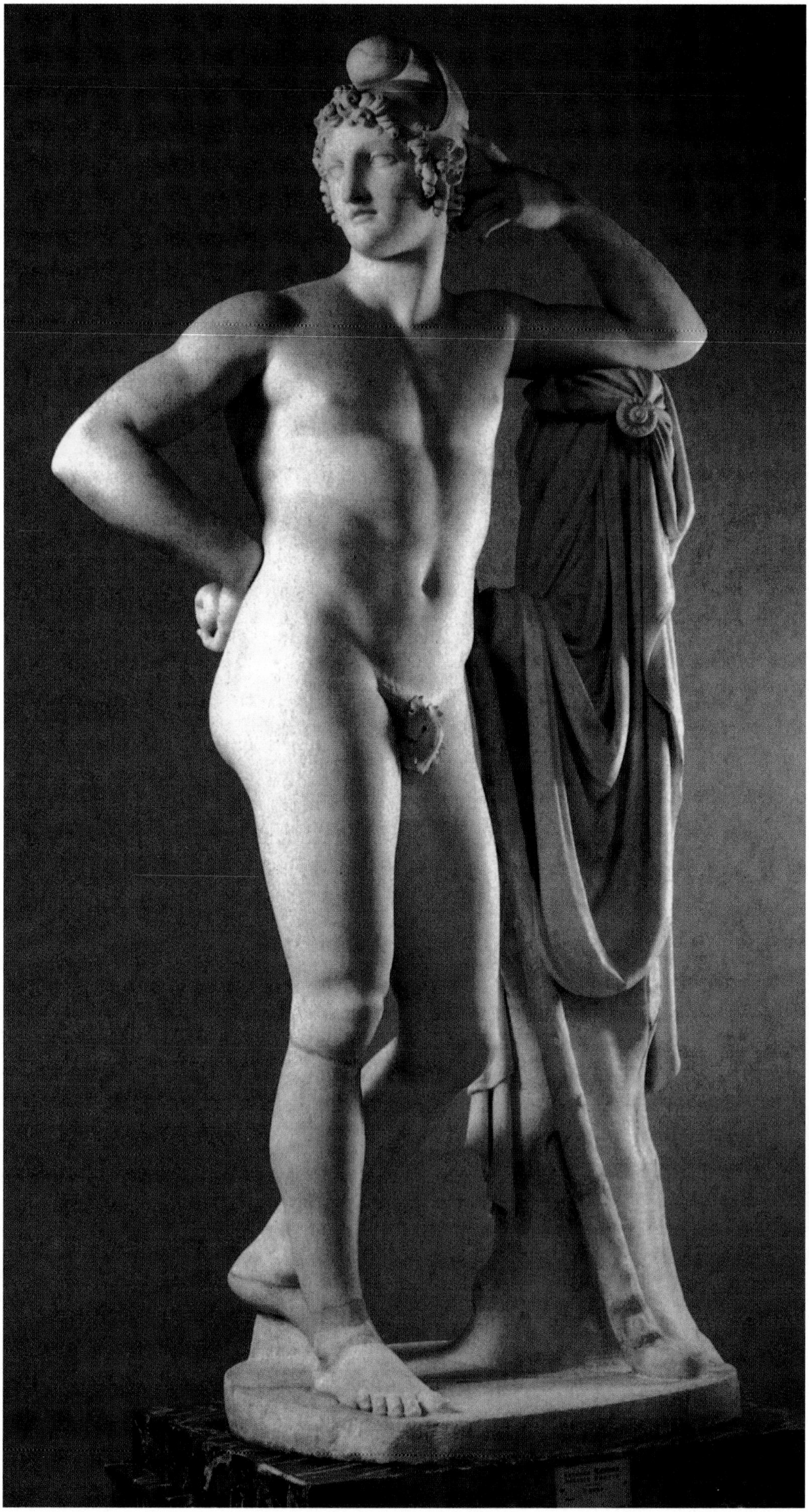

La bottega di Lisippo a Roma

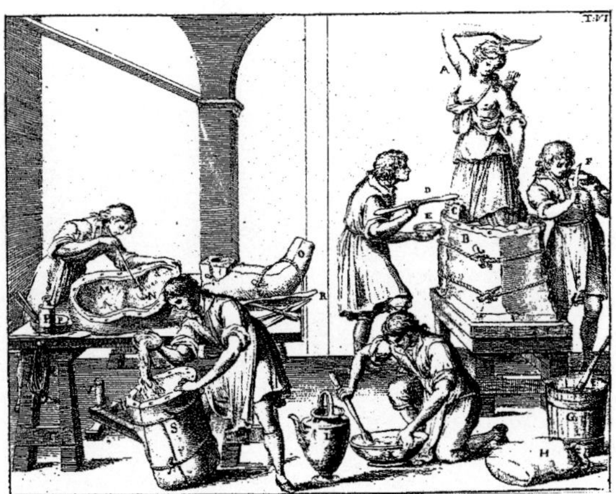

Nella pagina a fianco: *Paride* (1807-1812); San Pietroburgo, Ermitage.

Anche questa statua fu eseguita per Giuseppina Beauharnais e poi acquistata dallo zar di Russia Alessandro I. Ne esiste una replica a Monaco, conservata nella Neue Pinakothek, eseguita per il principe ereditario di Baviera, Ludovico, nel 1816.

Qui sopra: *Metodo da tenersi per fare le forme in gesso,* tavola dal manuale dello scultore Francesco Carradori *Istruzione Elementare per gli Studiosi di Scoltura.*

CANOVA GIUNGE A Roma il 4 novembre 1779: grazie ai puntuali diari di viaggio che ci ha lasciato, sappiamo cosa vide e cosa pensò, sappiamo che non si stancò di vedere tutto, botteghe di scultura, studi di pittura, musei, chiese, palazzi, e che già si faceva strada nella mente di questo giovane rispettoso, silenzioso, modesto, il pensiero di poter diventare, a Roma e grazie a Roma, il più grande scultore del suo tempo.

Non bisogna dar retta a chi scrisse, dopo Canova, che la scultura romana in quell'epoca non esisteva: da Bernini all'arrivo di Canova aveva al contrario attraversato una delle sue più intense stagioni, e basterebbero le tombe dei papi d'allora o il colossale trionfo di fontana di Trevi a dimostrarlo. Ma il Barocco e la continuazione settecentesca del barocchetto avevano aggiogato tutte le arti e le tecniche allo stesso carro dell'effetto generale: una tomba o una cappella romana doveva la sua magnificenza in egual misura all'architetto, allo scultore, agli stuccatori, ai bronzisti, ai tagliatori e impiallacciatori di marmi colorati.

L'idea della scultura come oggetto d'arte singolo, da ammirare così come si ammira un quadro, o meglio ancora da girare sul bilico per poterla guardare da tutte le parti, era qualcosa che riguardava ormai quasi solo le statue antiche, statue che non bastava però estrarre dalla terra come minerali preziosi, ma che avevano bisogno di quel restauro che allora diventò come mai prima un'imponente industria artistica. Si disse di Pio VI, il papa che regnava quando Canova giunse a Roma, che avesse acquistato duemila statue antiche per il Museo vaticano ma che non ne avesse mai commissionata una a uno scultore vivente.

Non è propriamente vero, soprattutto se pensiamo quanto lavoro ha dato, proprio agli scultori, ognuna di quelle statue reintegrate nelle parti mancanti, ripensate con fantasia, dottrina, archeologia e gusto, rinettate e lustrate dalle ferite del tempo e degli uomini. Canova visitò tutti questi scultori, restauratori della fama di scultori morti duemila anni prima, mercanti

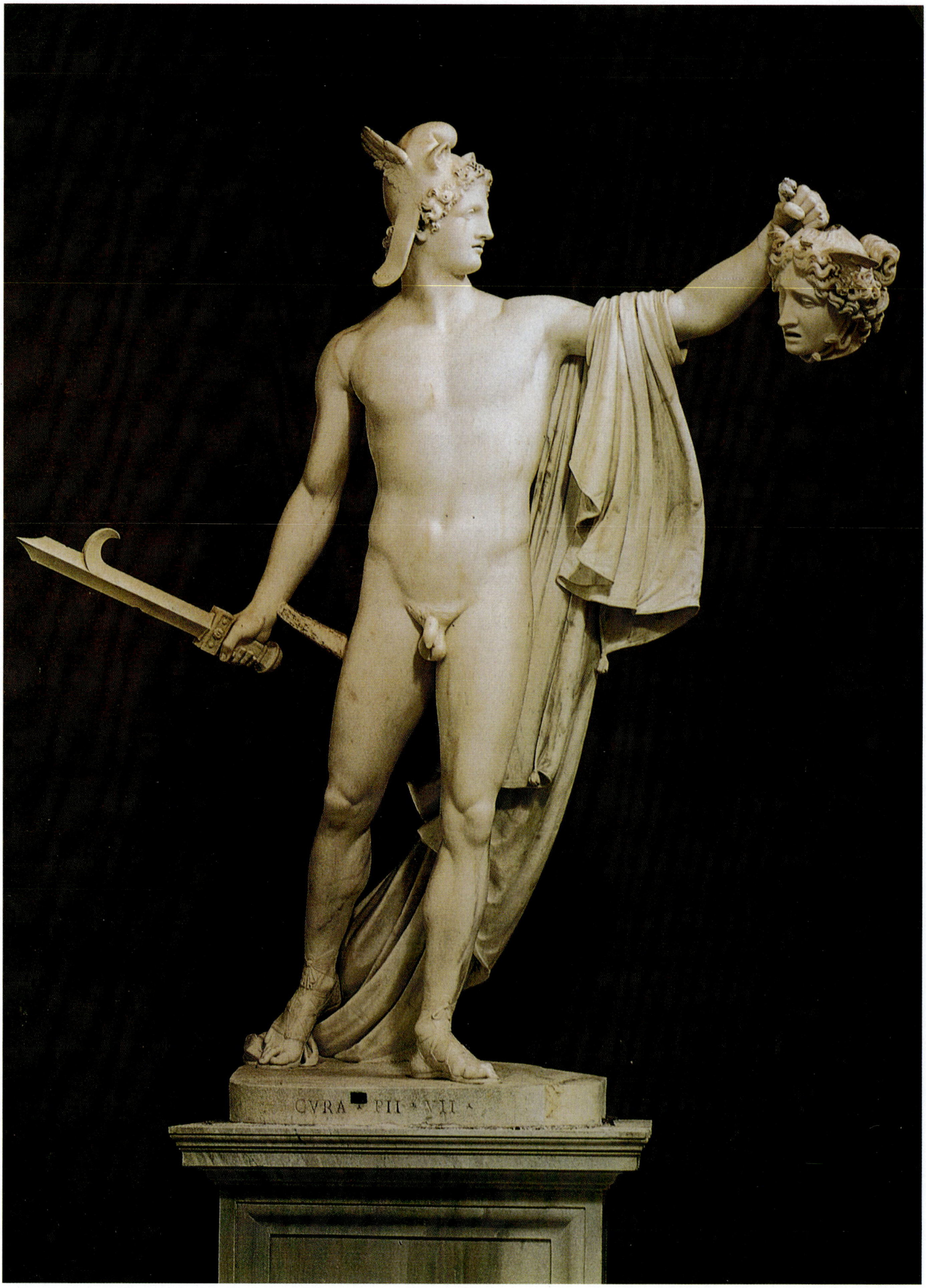
CVRA PII VII

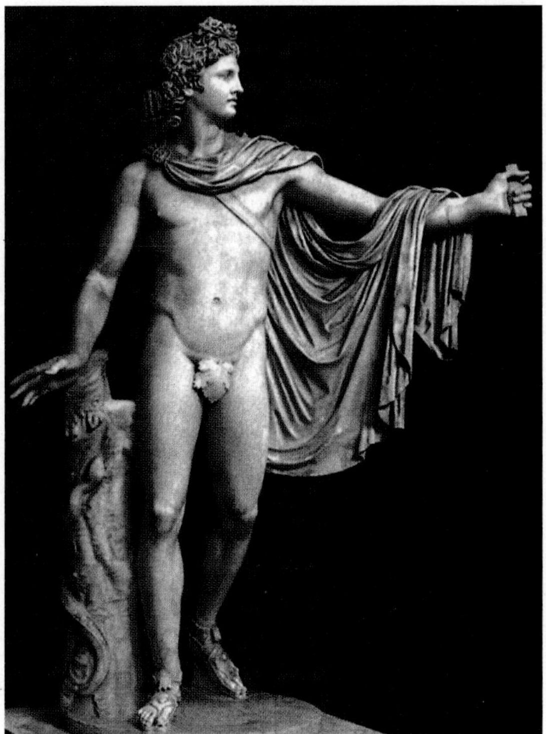

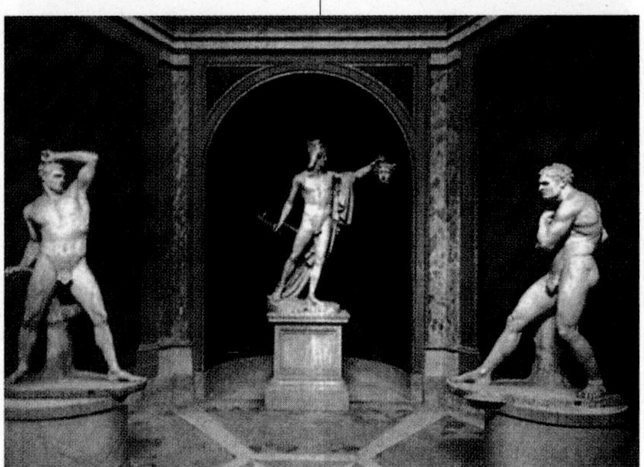

Nella pagina a fianco:
Perseo trionfante
(1800-1801);
Roma,
Musei vaticani.

Quando l'*Apollo del Belvedere* fu spedito a Parigi assieme alle altre opere d'arte sottratte allo Stato pontificio, il *Perseo* di Canova fu collocato al suo posto. Ai lati furono collocate le sue statue di *Creugante* e *Damosseno*, protagonisti di un cruento episodio sportivo narrato da Pausania nella sua *Periegesi della Grecia*.

Qui sopra, dall'alto:
Apollo del Belvedere
(I-II secolo d.C.),
prima del restauro;
Roma,
Musei vaticani.

Perseo trionfante (al centro), *Creugante* (1795-1801 a sinistra) e *Damosseno* (1795-1806 circa) nella sistemazione odierna;
Roma,
Musei vaticani.

fastosi al servizio di tutti coloro che in Europa potevano permettersi di arricchire le proprie residenze e le proprie gallerie seguendo i consigli di Winckelmann, di Plinio o più semplicemente di qualche intraprendente cicerone romano. Per avere un'idea di quanto vasta e accurata fosse questa industria basterebbe sfogliare le centinaia di tavole del catalogo monumentale di Bartolomeo Cavaceppi, decano dei mercanti-restauratori di Roma, che Canova visitò nel suo palazzo, oppure leggere l'*Istruzione Elementare per gli Studiosi di Scoltura* di Francesco Carradori – colui che scolpì le braccia della *Venere Medici* – manuale in cui si descrivono anche tutti i trucchi e le tecniche per far rivivere una statua antica.

Tutto questo Canova osservò con pazienza, capendo soprattutto quale immenso potere di suggestione aveva ed era destinato ad avere l'antico. A vedere quanto si spendeva per una statua antica e quanto altamente se ne celebravano le meraviglie, ci si stupisce a pensare che solo Canova ebbe l'idea di diventare uno scultore antico vivente: scultore veneziano tradotto in greco, dissero subito per denigrarlo, ma era la verità, e non una verità da poco.

Non è un caso che il suo primo mentore e incoraggiatore sia stato Gavin Hamilton, un pittore scozzese che a Roma era diventato più che altro imprenditore di scavi archeologici, committente e socio dei restauratori e uomo di fiducia di quegli inglesi che da lui compravano le statue a centinaia di pezzi per volta.

Se qualcuno volesse andare a sfogliare il catalogo di vendita di una di queste raccolte, andata dispersa sessant'anni fa a Londra, cioè quella dei marchesi di Lansdowne, vedrebbe una dopo l'altra statue e statue antiche che sembrano rozze e scabrose imitazioni delle opere canoviane: un *Paride* che è un fratello rachitico di quello di Leningrado, un *Marco Aurelio* in posa eroica come il *Napoleone* colossale di Londra, una *Matrona seduta* che potrebbe essere una parente di quella *Maria Luigia* che a Parma occupa il trono della Concordia. Arrivando alle ultime pagine troviamo poi per davvero due opere di Canova, la *Ninfa sdraiata* (ora al Victoria and Albert Museum di Londra) e la seconda *Venere Italica* (ubicazione ignota) che fu di Luciano Bonaparte. L'effetto è scioccante, perché proprio in un contesto di antichità ci si rende conto che per i contemporanei il sovrano privilegio di arrivare a possedere un'opera di Canova era come poter andare a comandarla a Sicione alla bottega di Lisippo, scegliere il soggetto, e vedersela recapitata senza rotture, senza restauri, candida e lucente dell'ultima mano del lustratore. Che Lisippo facesse solo statue di bronzo era allora un particolare di cui non si teneva conto. Del resto, è esattamente in questo senso che va interpretato l'acquisto del *Perseo* e dei pugilatori *Creugante* e *Damosseno* da parte del governo pontificio nel 1801: solo le opere di Canova, le uniche di un artista moderno a essere ammesse tra quelle antiche nel Museo vaticano, potevano compensare la perdita delle più famose statue dell'antichità, come il *Laocoonte* o l'*Apollo del Belvedere*, deportate a Parigi in forza del trattato di Tolentino. Ancora oggi nel cortile ottagono del Vaticano, assieme al *Laocoonte* e all'*Apollo*, che proprio grazie a Canova ritornarono a Roma, le sue opere fanno l'effetto di perfette antichità imperturbate da restauri, trovate intatte in qualche scavo impossibile.

Qui accanto:
Venere Italica
(1804-1812);
Firenze,
palazzo Pitti,
Galleria palatina.

A sinistra:
Venere Medici,
(II secolo a.C.);
Firenze,
Uffizi.

La *Venere Medici*, in passato una delle statue antiche più celebrate, fu sottratta dai commissari francesi del Direttorio nonostante fosse stata spedita per sicurezza da Firenze a Palermo in custodia dei Borboni di Napoli. Il re d'Etruria Ludovico I di Borbone commissionò a Canova una copia della statua da porre al posto di quella antica. Canova eseguì invece un'opera del tutto originale che fu poi consegnata nel 1812, quando a Firenze regnava Elisa Baciocchi, sorella di Napoleone.

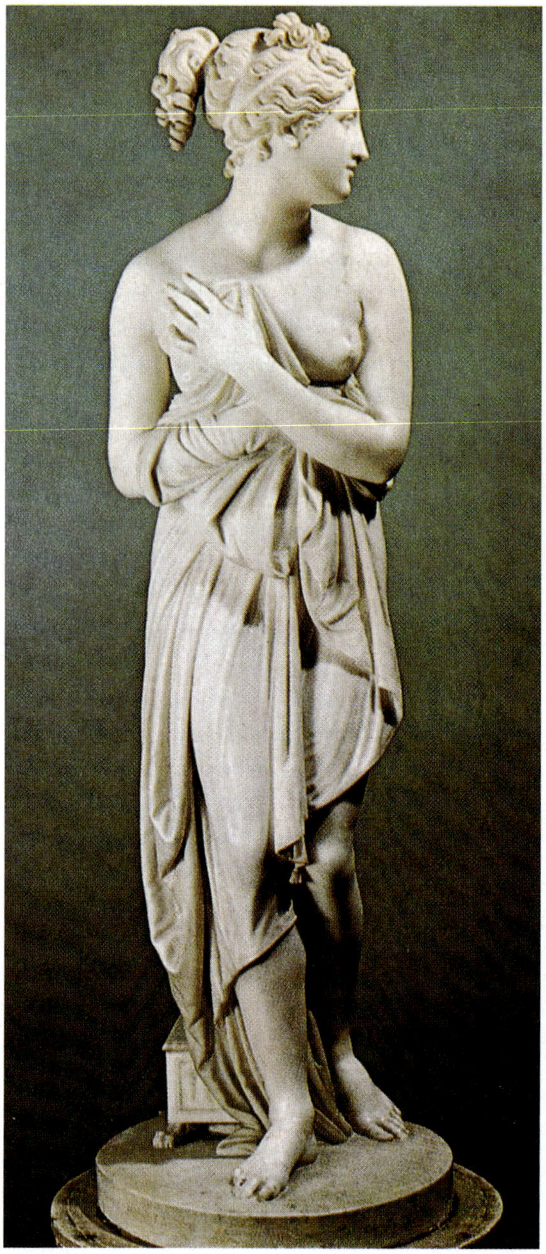

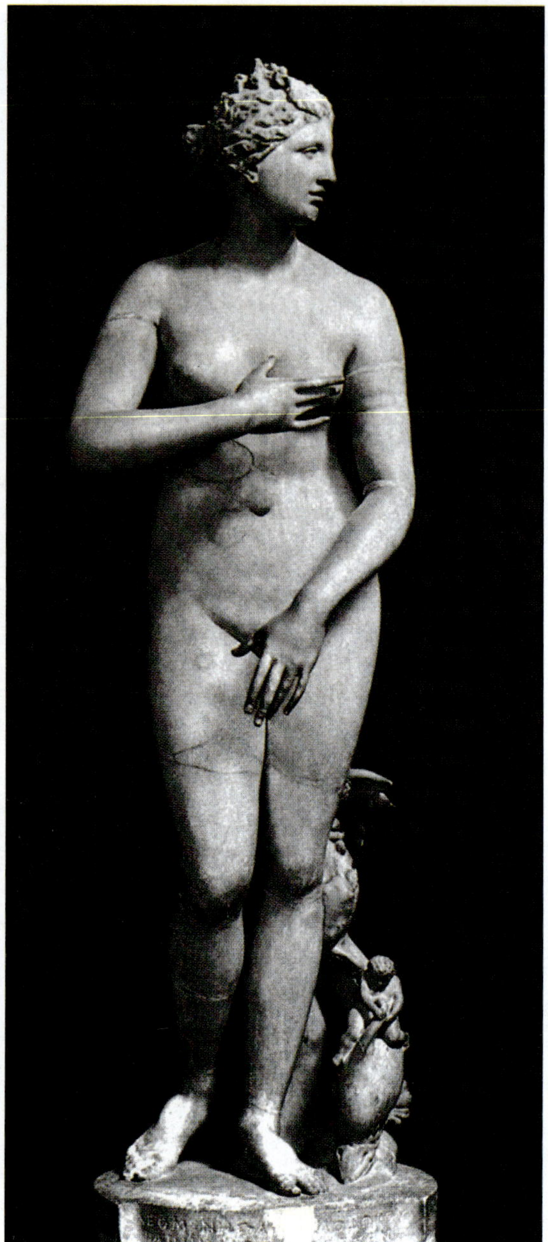

Ma ritorniamo al momento in cui Canova decise di farsi compenetrare dallo spirito dell'antichità. Aveva trovato la protezione di una corte, anche se piccola, quella dell'ambasciatore della Serenissima Girolamo Zulian a palazzo Venezia; aveva vinto la gara che il veneziano senatore di Roma, cioè Abbondio Rezzonico, nipote di papa, il cui appartamento capitolino era stato decorato da Piranesi, aveva indetto tra lui e Giuseppe Angelini, allievo del Cavaceppi, che sfigurò presentando la propria *Minerva pacifica* accanto all'*Apollo che si incorona* di Canova.

Di questa competizione non possiamo giudicare, visto che la statua dell'Angelini non si conosce, ma i giudici d'allora non ebbero dubbi, facendo dimenticare a Canova la freddezza con cui venne accolto a Roma il calco in gesso del *Dedalo e Icaro*, fatto venire da Venezia per mostrare ai romani la sua maniera, e decretando soprattutto la vittoria dello scultore puro rispetto al restauratore-copista-archeologo di cui Angelini rappresentava la categoria.

Canova si era rifiutato di eseguire copie in marmo dall'antico e si era guadagnato per questo, nonostante la sua mitezza e apparente modestia, la fama di superbo: ma questa non durò a lungo.

Canova era infatti pronto per la grande scultura di *Teseo trionfante sul Minotauro*, un vero e proprio manifesto della sua arte nuova che la protezione di Zulian gli permise di scolpire senza preoccupazioni economiche. Chi lo guardi oggi (Londra, Victoria and Albert Museum) vedrà come il tempo e la stupidità umana si siano presi una singolare vendetta su quest'opera di Canova che, disgraziatamente esposta alle intemperie, appare oggi molto più rovinata, e dunque paradossalmente "archeologica", delle statue antiche dalle quali Canova attinse la sua ispirazione: il *Marte in riposo* della collezione Ludovisi (Roma, Museo nazionale romano), il bronzo del *Mercurio seduto* che Canova vide a Portici, una delle opere più famose tra quelle trovate a Ercolano (Napoli, Museo nazionale), e anche, per il modo in cui Teseo tiene divaricate le gambe, il *Fauno dormiente* che a Roma era l'orgoglio dello scultore e restauratore Pacetti (Monaco, Glyptothek, manomesso dal restauro moderno).

Citare le opere che servirono d'esempio a Canova non è un esercizio erudito, ma un modo per vedere come egli affrontasse il problema di realizzare un soggetto antico descritto dalla letteratura classica ma non rappresentato in sculture antiche sopravvissute fino a noi, cercando di immaginarlo così come l'avrebbe trattato un artista antico: perciò fu una decisione presa dopo dotte discussioni con i suoi amici archeologi quella di dotare Teseo di una clava piuttosto che di una spada, e perciò egli pensò anche di scolpire il ciondolante groviglio del filo d'Arianna sul corpo del mostro che stranamente tutti i com-

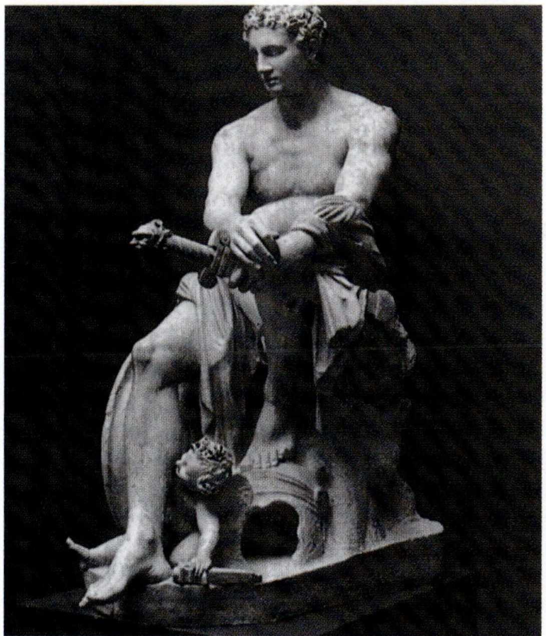

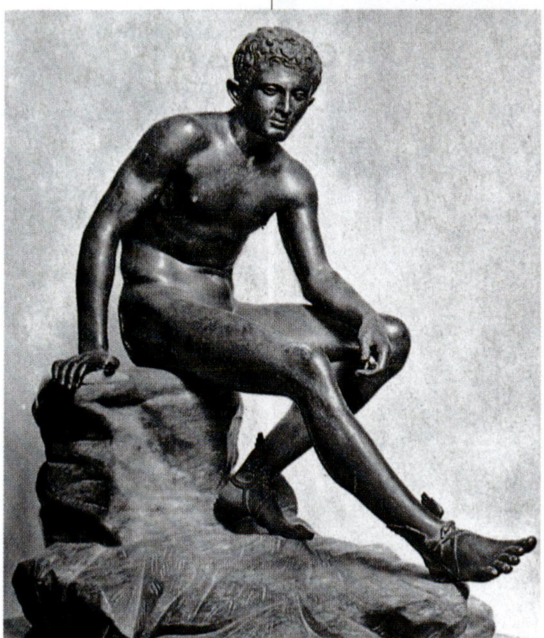

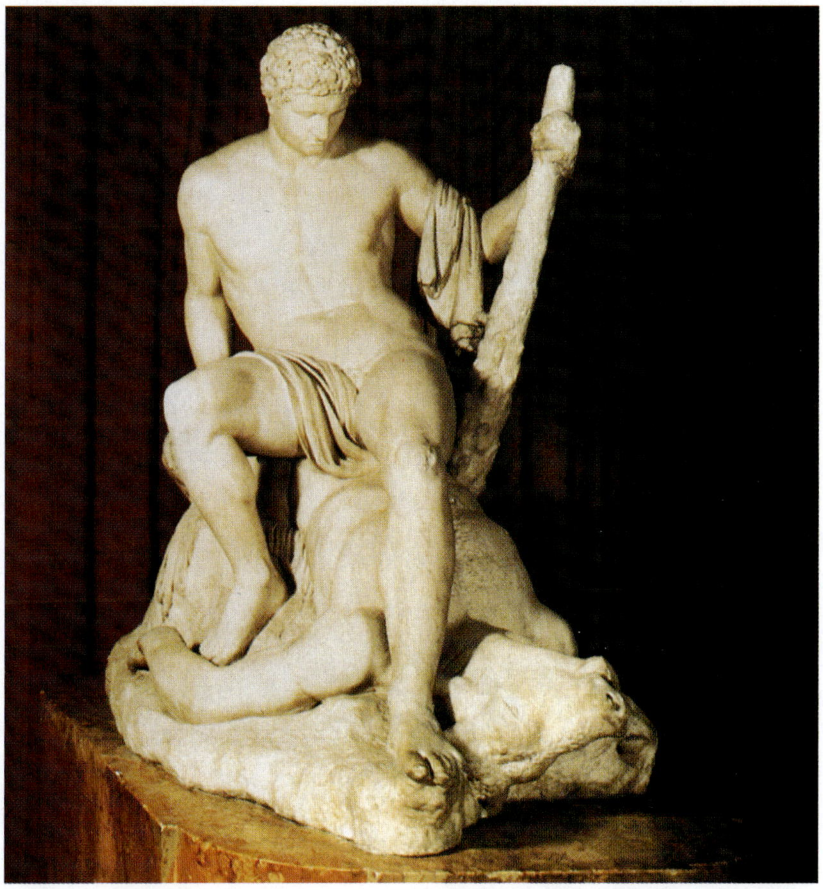

Dall'alto:
Marte in riposo, detto *Ares Ludovisi* (IV secolo a.C.); Roma, Museo nazionale romano.

Mercurio seduto, bronzo da Ercolano; Napoli, Museo nazionale.

A sinistra:
Teseo trionfante sul Minotauro (1781-1783); Londra, Victoria and Albert Museum.

Commissionato dall'ambasciatore Zulian, il gruppo del *Teseo trionfante sul Minotauro* fu donato da questi all'artista, che lo vendette al conte von Fries di Vienna. Passato nella collezione del marchese di Londonderry, si trova nella sede attuale dal 1962. Risulta evidente come Canova abbia preso ispirazione per la posa del *Teseo* dall'antica statuaria romana.

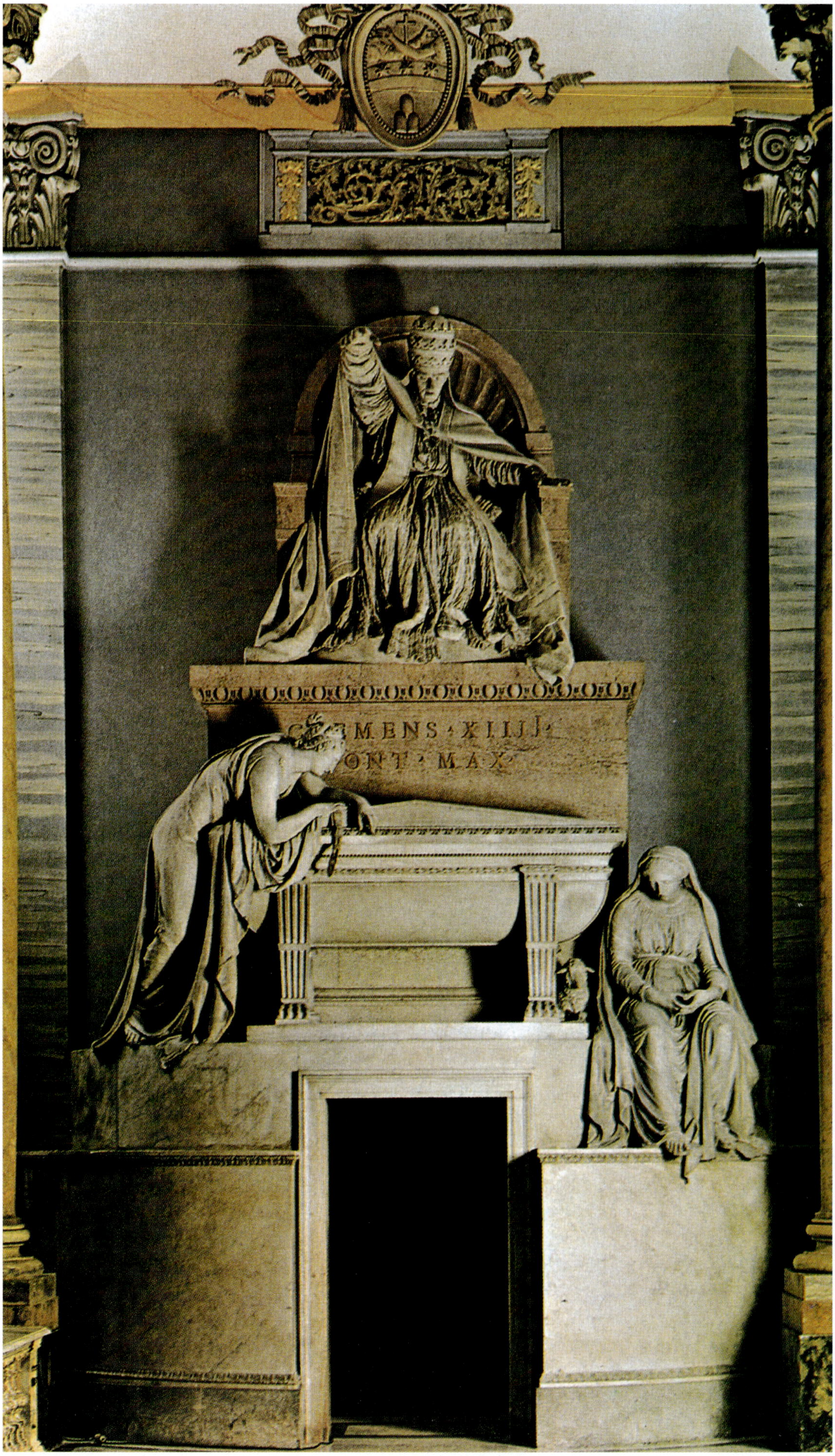

Qui a fianco:
Monumento funebre di papa Clemente XIV (1783-1787);
Roma,
Santi Apostoli.

Commissionato a Canova nel 1783, grazie alla mediazione di Giuseppe Volpato, il monumento fu eseguito in quattro anni. La commissione fu accompagnata da vivaci polemiche da parte degli artisti romani, scontenti che un'opera così prestigiosa fosse toccata a un giovane straniero ancora esordiente. Il monumento, in marmo di Carrara e marmo "lumachella", sfrutta in modo significativo l'ombra tagliata dalla porta di accesso alla sagrestia, trasformando così un problema pratico architettonico in un effetto simbolico, dove la porta diviene allegoria del trapasso nell'aldilà. Lo stesso accadrà nel monumento Rezzonico e ancora, aprendo però una porta fittizia, nella tomba di Maria Cristina a Vienna.

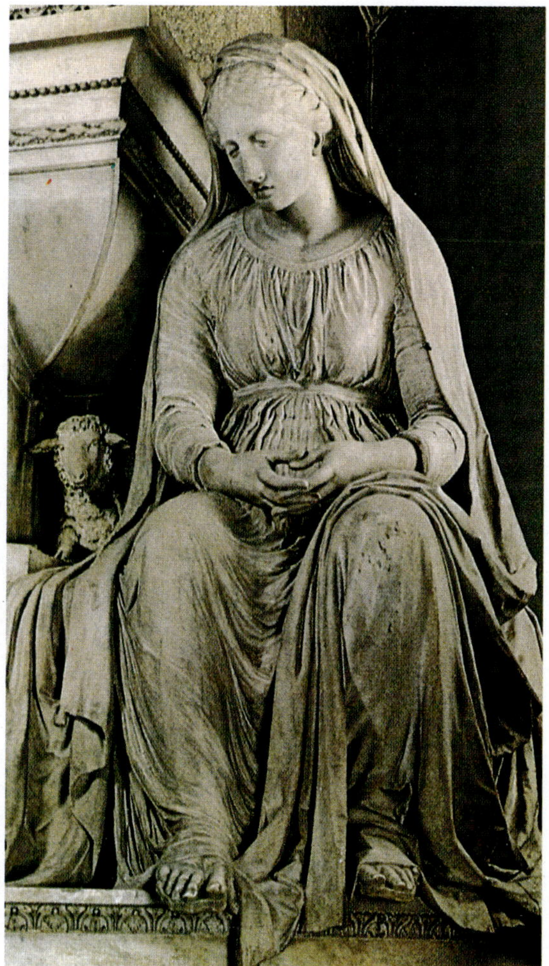

Mansuetudine, particolare del *Monumento funebre di papa Clemente XIV*.

Pensata in un primo tempo come *Umiltà* (il bozzetto è conservato a Possagno) e completamente velata, fu poi realizzata come *Mansuetudine*.

mentatori descrivono come gli intestini del povero Minotauro.

Oltre a dare un perfetto saggio di scultura, Canova voleva insomma ricreare in ogni sua opera anche lo spirito della favola antica, al modo in cui la letteratura ellenistica ci ha tramandato le descrizioni di statue famose e perdute, non come opere d'arte ma come esempi di suggestione emotiva, come umane espressioni di affetti e di sentimenti. Canova era pur sempre quello che aveva scolpito lo stupore di Euridice, la disperazione di Orfeo, la serena incoscienza di Icaro e la dubbiosa perplessità di suo padre Dedalo: anche nel vittorioso Teseo c'è un senso di sollievo e di spossatezza malinconica e una pena persino nei confronti del mostruoso Minotauro. Son cose queste che nessun erudito d'archeologia poteva inventarsi, sono il segno che seppure si preparava a ridar corpo agli dei e alle dee della Grecia, Canova era pur lontano da quella assoluta imperturbabilità che Winckelmann aveva voluto leggere nei bianchi occhi vuoti delle statue antiche. «Per noi, l'unica via per divenire grandi e, se possibile, inimitabili, è l'imitazione degli antichi», così aveva scritto Winckelmann due anni prima della nascita di Canova: tutta l'Europa aveva ascoltato e ammirato le sue parole, ma chi aveva seguito veramente questa esortazione che rimase sospesa come una profezia?

Un giovane pittore francese di cattivo carattere, pensionato di Francia a Roma, stava proprio allora inventandosi la pittura antica disegnando statue tutto il giorno, visto che si poteva star sicuri che la pittura degli antichi, quella di cui parla Plinio nei suoi libri, era perduta, e i moderni non dovevano disperarsi d'imitarla, tanto più che quella che veniva alla luce a Ercolano era allora per gli innamorati dell'antico più un imbarazzo che un modello. Ma se Jacques-Louis David non temeva opere antiche di pittura che potessero farlo disperare, Canova doveva pur sempre fare i conti con le statue in Campidoglio e in Vaticano. Vi era bisogno di un'opera che le seppellisse di nuovo tutte alla vista degli uomini, e quest'opera arrivò a Canova provvidenzialmente.

Si ha un bel dire che il gesto di papa Ganganelli in cima alla sua tomba sia di affabile protezione come quello di *Marc'Aurelio* in Campidoglio: quello è un gesto drammatico, un monito di arcana terribilità che ancora intimidisce. Era morto male papa Ganganelli, e non c'era bisogno del veleno dei gesuiti a spacciarlo: bastava l'amarezza di quella decisione, di sopprimere la Compagnia di Gesù, che egli francescano non amava affatto, che fu forzata all'autorità di un pontefice dalle pressioni congiunte di tutte le potenze d'Europa. Tra i pochi che lo piansero quando morì vi era un certo Carlo Giorgi, e aveva ben ragione di piangerlo, visto che il papa lo aveva nominato amministratore, per Roma e distretto, di tutti i beni e possessi della soppressa Compagnia di Gesù: una carica che anche a ricoprirla con onestà c'era da diventare straricchi. Così, grazie al Giorgi, segreto committente, il papa ebbe una tomba, Canova undicimila scudi e la possibilità di realizzare un'opera di cui tutto il mondo avrebbe parlato. E fu così. Quando dopo quattro anni di lavoro massacrante, nell'aprile 1787 venne svelato al pubblico nella basilica dei Santi Apostoli, il *Monumento funebre di papa Clemente XIV* fu l'entusiasmo di tutta Roma. Scrisse in quei giorni in una delle sue lettere l'architetto Francesco Milizia: «Fino gli stessi ex gesuiti lodano e benedicono papa Ganganelli in marmo».

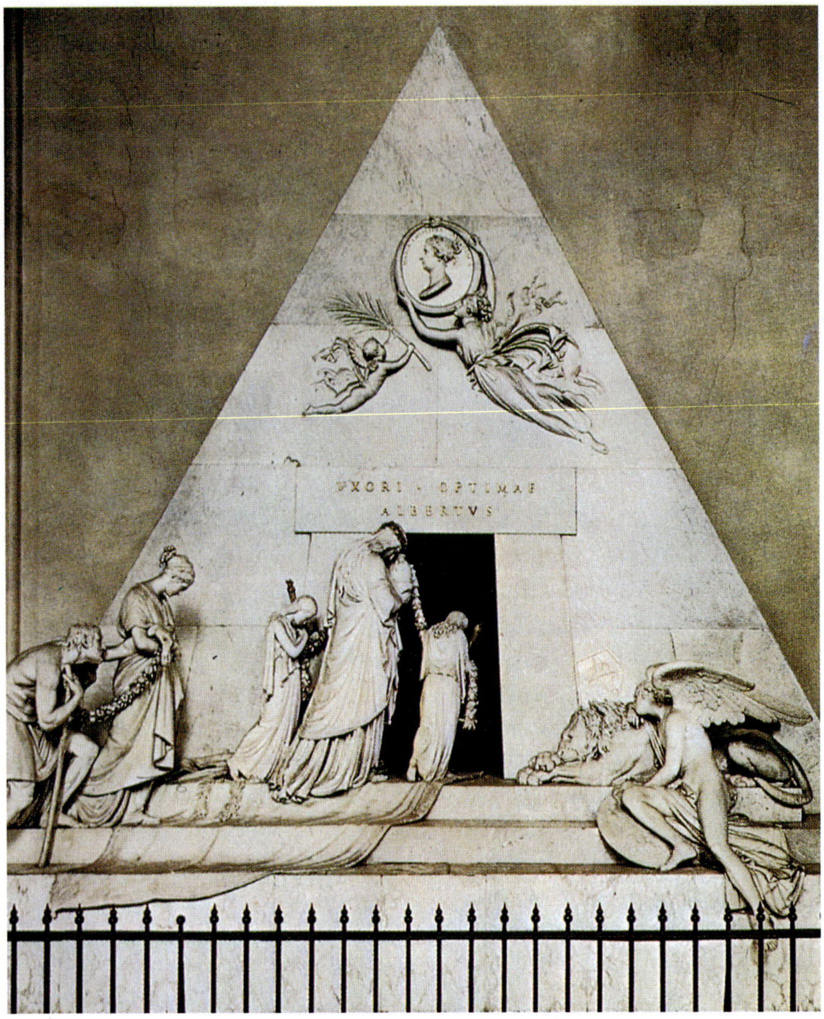

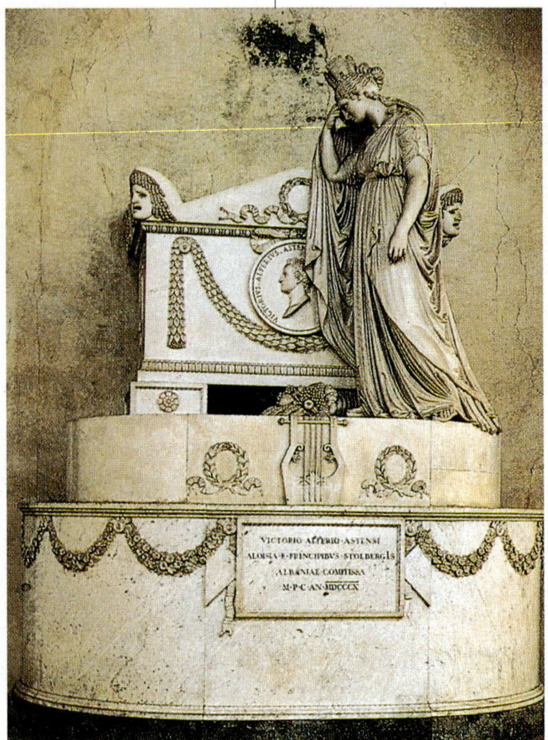

Canova si affaticò tanto su questo progetto, cambiandolo varie volte, montando l'architettura in legno grande al vero per arrampicarci sopra i modelli delle statue, prima plasmati in creta, colossali come i marmi da realizzare, poi formati in gesso sulla creta fresca e poi dai gessi lavorati in marmo, dando a questa materia in apparenza la stessa umidità, la stessa elasticità e morbidezza della docile creta che accompagna per prima l'invenzione dello scultore. E quando questa si traduce in marmo in questo modo, cioè lavorando sei giorni unicamente alle mani del papa, centosettantadue alla statua piangente della *Temperanza* e venti giorni in più a quella seduta e dolente della *Mansuetudine,* si capisce come esso possa trasformarsi in avorio incarnato, in stoffa d'alabastro, in frusciare agitato di seta. E tutto questo lavoro al servizio di un grande concetto, e nuovo, che preparava al mondo un altro modo di piangere e consolarsi della morte, nuovamente pagano e nuovamente cristiano.

«Tant que Canova existera on peut acheter l'immortalité», scrive Stendhal a Firenze il 27 settembre 1811 di fronte alla tomba d'Alfieri in Santa Croce, lì collocata un anno prima, e aveva in mente soprattutto il grande deposito funebre elevato da Canova nel 1805 a Vienna, per Maria Cristina d'Austria, nella chiesa degli agostiniani. Stendhal l'aveva visto quattro anni dopo la sua inaugurazione, entrando nella capitale sconfitta dopo Wagram, con l'entusiasmo che possiamo immaginare, ma di cui purtroppo non ci ha lasciato memoria scritta. Ma quella frase sull'immortalità è più che abbastanza, se ci fermiamo a

A sinistra:
Monumento funebre di Maria Cristina d'Austria
(1798-1805);
Vienna,
Augustinerkirche.

Il monumento fu commissionato da Alberto di Sassonia, marito della defunta, figlia dell'imperatrice Maria Teresa. Canova riprese l'idea della piramide che egli aveva elaborato dal 1790 al 1795 su sollecitazione di Girolamo Zulian per un monumento, poi non realizzato, in onore di Tiziano che doveva essere collocato nella chiesa dei Frari a Venezia.

Qui sopra:
Monumento funebre di Vittorio Alfieri
(1806-1810);
Firenze,
Santa Croce.

Fu commissionato da Luisa Stolberg contessa d'Albany, compagna ed erede dell'Alfieri e venne inaugurato solennemente alla presenza di Canova nel 1810. Inizialmente Canova aveva pensato di realizzare una stele (il gesso è conservato a Possagno), ma la contessa d'Albany, non ne fu contenta e pretese per la stessa cifra iniziale di diecimila scudi il monumento a tutto tondo.

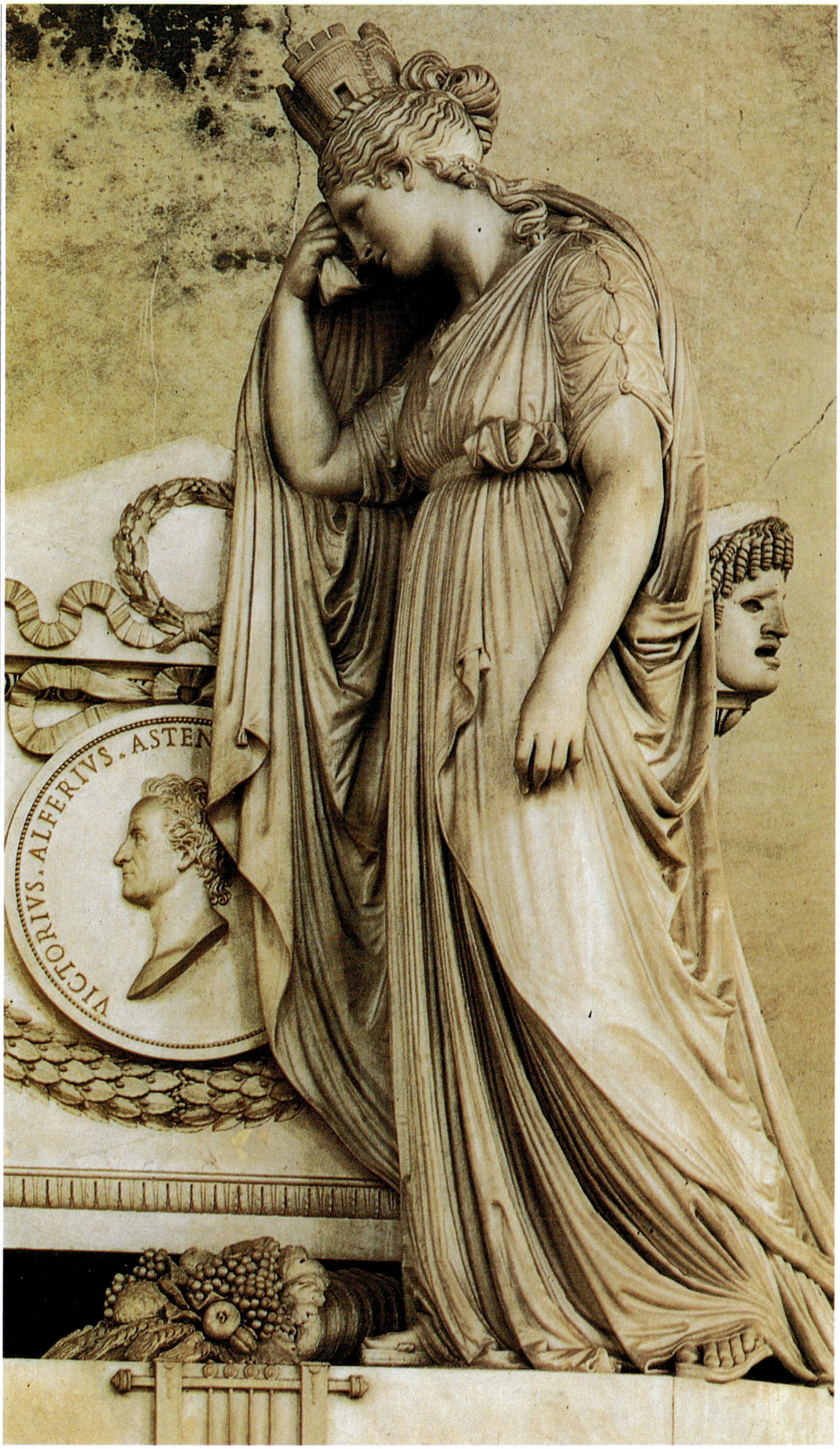

Italia piangente,
particolare
del *Monumento funebre*
di Vittorio Alfieri.

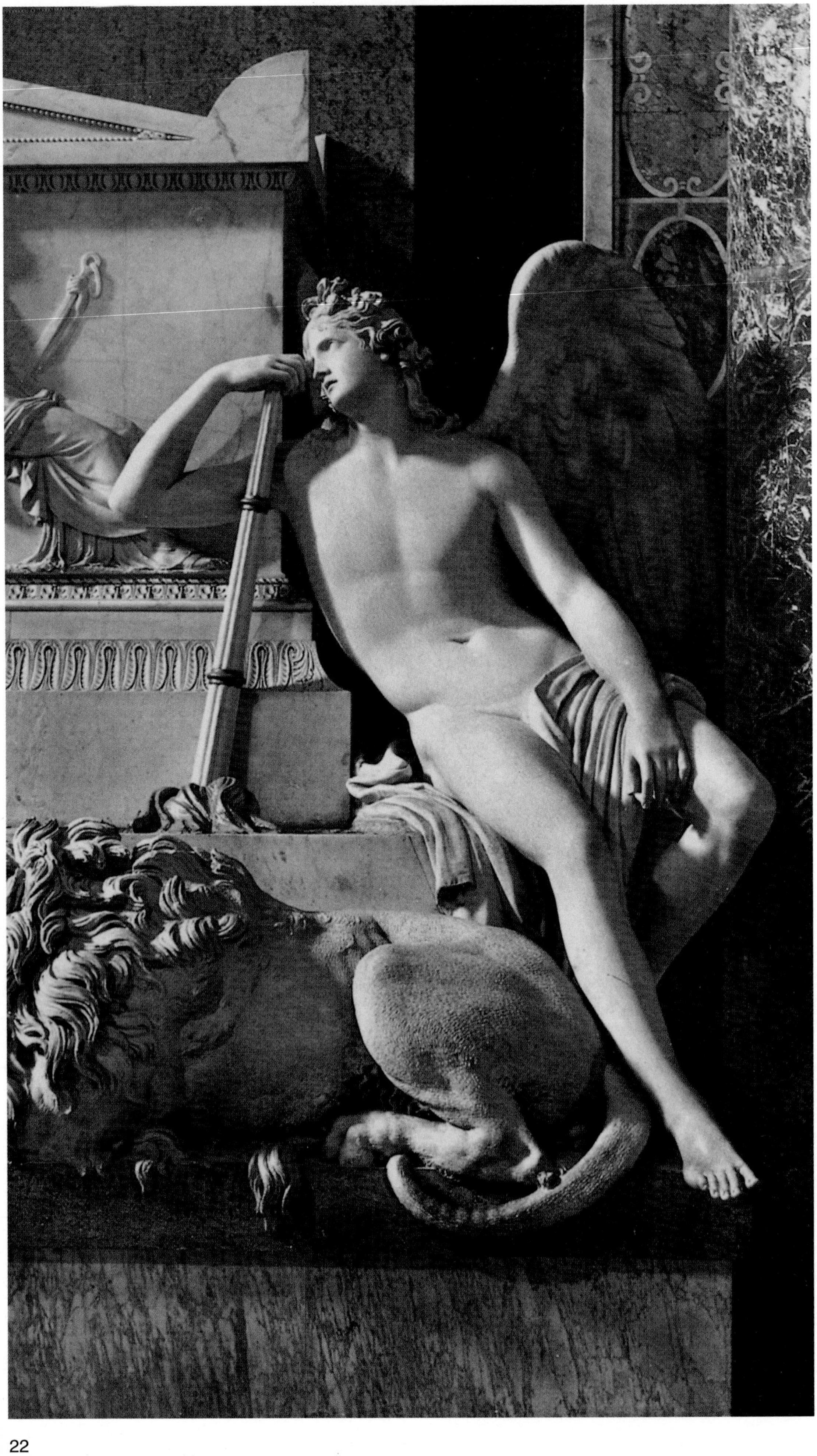

Nella pagina a fianco, in basso:
Monumento funebre di papa Clemente XIII (1784-1792); Roma, San Pietro.

A sinistra:
Genio funebre, particolare del *Monumento funebre di papa Clemente XIII.*

Canova ebbe la commissione dalla famiglia Rezzonico al tempo in cui ancora lavorava al suo primo monumento papale, quello dedicato a Clemente XIV. L'opera fu inaugurata durante la settimana santa del 1792. A sinistra è la statua della *Religione*, sul sarcofago sono raffigurate in bassorilievo la *Carità* e la *Speranza*. La nudità del *Genio* fu oggetto di critiche e dopo la morte di Canova fu ricoperto da una camicia di stucco, in seguito rimossa.

Qui sotto:
Stele di Angelo Emo
(1792-1795);
Venezia,
Museo storico navale.

Fu commissionata dalla Repubblica veneta, in onore dell'ammiraglio della Serenissima che bombardò nel 1785 il forte di Tunisi con delle batterie galleggianti di sua invenzione, raffigurate da Canova sulla stele in basso a sinistra.

A destra:
Stele di Giovanni Volpato
(1804-1807);
Roma,
Santi Apostoli.

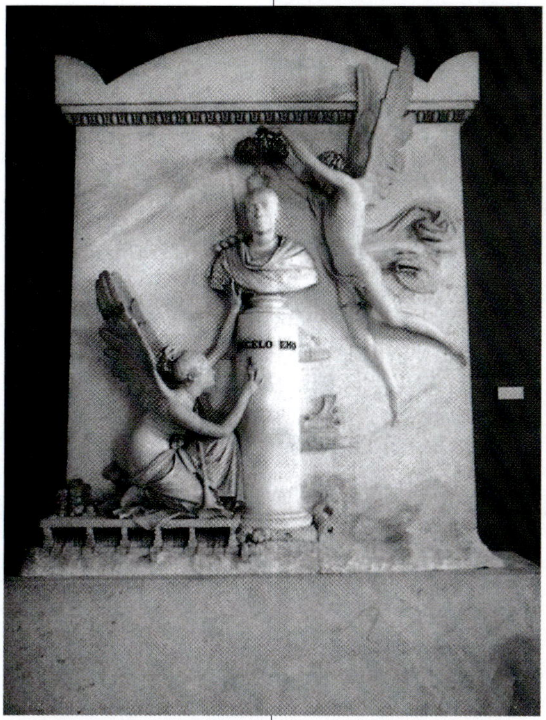

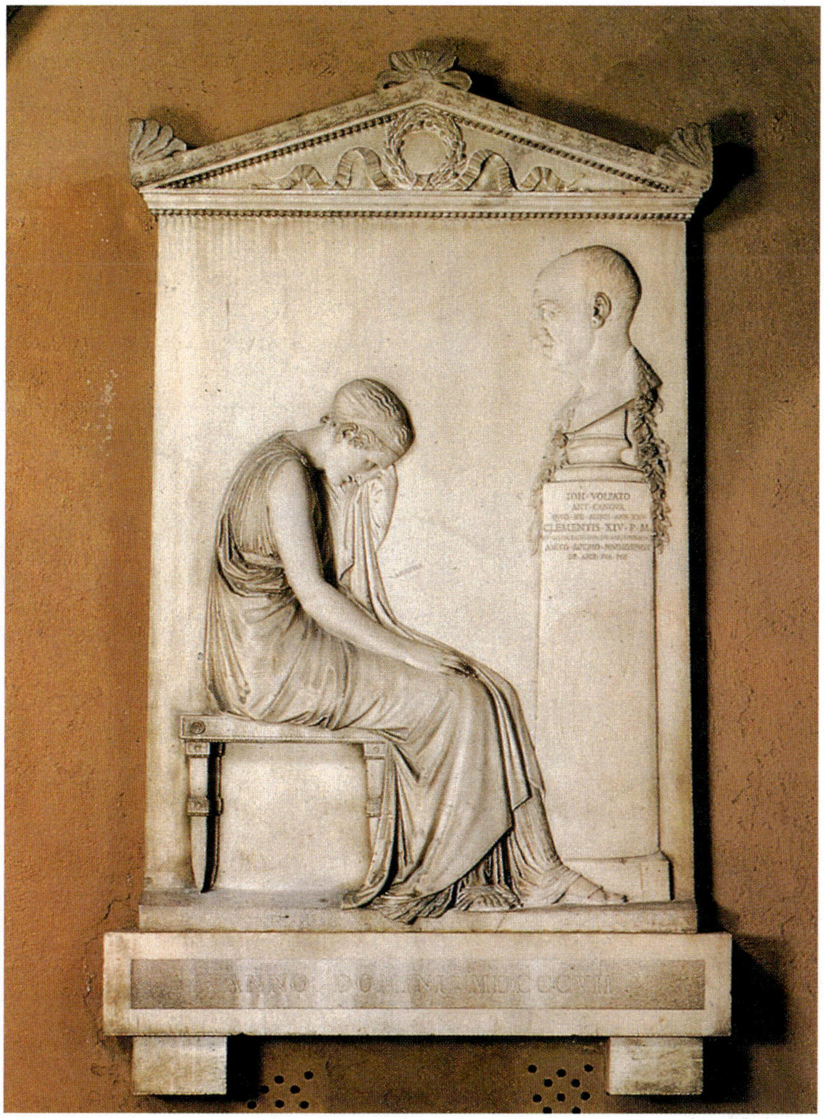

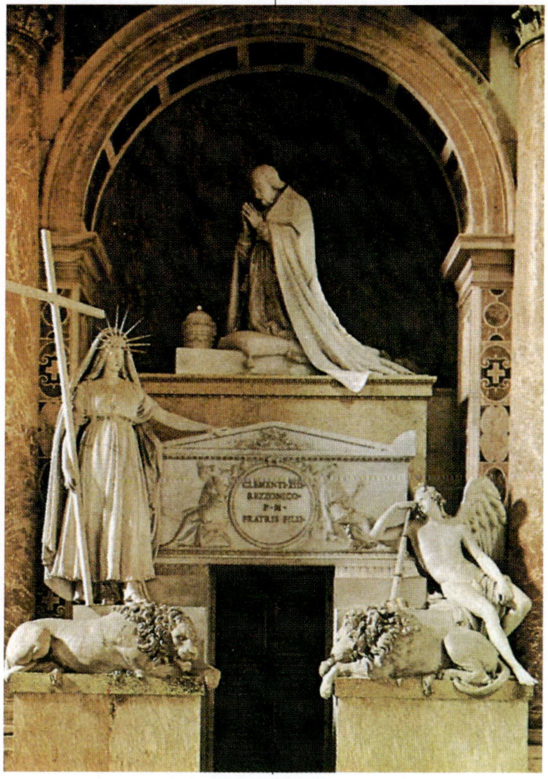

guardare le tombe di Canova: già in quelle pontificie di Clemente XIV e poi di Clemente XIII commissionatagli dalla famiglia Rezzonico e inaugurata in San Pietro nel 1792, egli aveva inventato delle rappresentazioni di compianto che vanno al di là della persona del defunto. I papi sono innalzati sui propri depositi, meravigliosamente ritratti, eternamente presenti, ma non è detto che la *Temperanza* e la *Mansuetudine* piangano soltanto papa Ganganelli, o che lo splendido *Genio* alato si addolori, e i meravigliosi *Leoni* stiano a commentare la morte del solo papa Rezzonico. Infatti è quasi lo stesso genio, e uno di quei leoni, che Canova metterà più tardi a Vienna come spettatori del mesto e dolcissimo corteo che va recando l'urna lacrimata dell'arciduchessa Maria Cristina verso la cella d'una piramide, innalzata a simboleggiare un'immortale memoria a cui la defunta altro diritto non ha, se non forse per aver lasciato il proprio marito, Alberto di Sassonia, libero di raccogliere la splendida collezione di disegni che a Vienna porta ancora il suo nome, l'Albertina.

E anche l'*Italia piangente* e turrita e piangente accanto al sarcofago d'Alfieri, che Stendhal giudicava davvero un po' grossa e di coscia forte, sembra un altro travestimento della stessa signora colossale che recita la *Temperanza* ai Santi Apostoli. E non che non commuova di meno, ma per dire che se i ri-

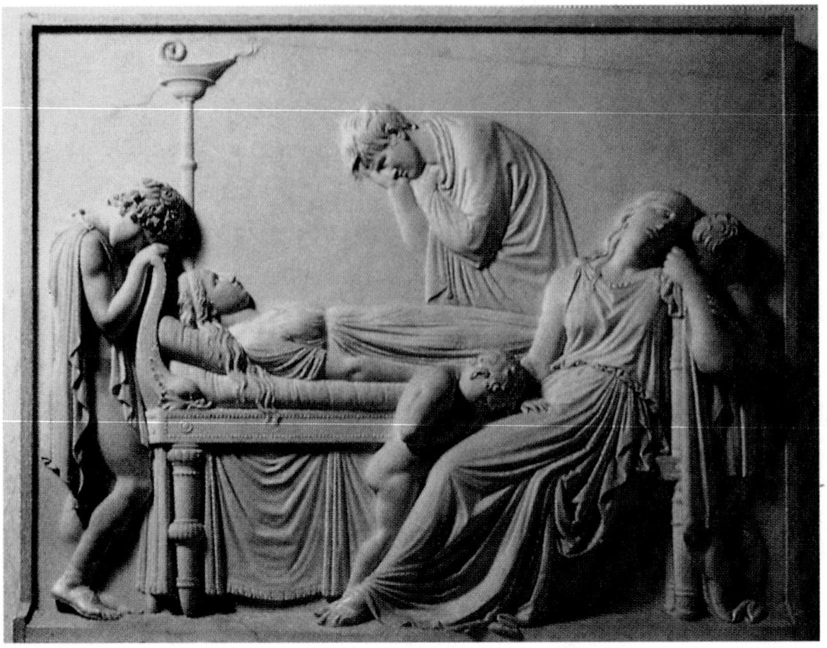

tratti in medaglione di Maria Cristina o del grande astigiano fossero erasi e i monumenti dedicati ad altri – cosa che a Canova è pur capitato di fare in qualche caso – la filosofia di queste opere non sarebbe affatto mutata. Questo proprio perché Canova aveva saputo apprendere dall'antico che in fin dei conti la morte non è proprio un caso particolare, e ridando vita al modello della stele funeraria classica aveva resuscitato anche le furbizie degli scultori di Roma antica che idealizzavano le figure del defunto o del piangente tanto che chiunque visitasse le loro botteghe potesse riconoscere il proprio morto o veder piangere se stesso. Si veda il caso di Leopoldo Cicognara che visitando lo studio di Canova nel 1807, poco dopo aver perduto sua moglie Massimiliana Cislago, scoppiò a piangere tra le braccia dello scultore davanti alla stele funebre della contessa spagnola de Haro de Santa Cruz (ora a Possagno) a cui Canova stava lavorando. Episodio buono a dimostrare il valore universale delle opere canoviane, e che fu decisivo per il Cicognara, da allora in poi primo sacerdote laico del culto canoviano.

Non mai abbastanza si fanno paragoni tra i *Sepolcri* di Ugo Foscolo e i tanti scolpiti dal Canova, non solo perché in arte queste abilità di mestiere possono ben dirsi poesia, ma anche perché in un caso e nell'altro, versi e marmi vogliono spronare i vivi al culto dei morti come a una virtù civile, cosa davvero nuova e diversissima rispetto al Barocco delle celebrazioni funebri magniloquenti ed esagerate, ma che gli italiani avevano già praticato, prendendo a prestito l'esempio dei sarcofagi e delle lapidi degli antichi per i loro morti, in un altro secolo in cui si parlava e si scriveva di virtù civili, il Quattrocento di Leon Battista Alberti e Donatello. Certo, l'invenzione della stele canoviana fu così felice, e così imitata in tutta Europa e per tutto l'Ottocento, che finì per seppellirsi da sola nel marmo. Perciò lo scultore che aveva così generosamente alleviato il dolore della morte dando ai sepolcri un poco della grazia e della gioia delle sue Veneri e dei suoi Amori, finì per essere considerato cimiteriale anche nelle sue Veneri e nei suoi Amori, e si arrivò nel nostro secolo al paradosso di considerare funebri, fredde, glaciali, quelle opere che avevano scaldato l'entusiasmo del mondo.

Stele per la contessa de Haro (1806-1808); Possagno, Gipsoteca.

Commissionata dal padre della defunta, ciambellano di Giuseppe Bonaparte re di Spagna, rimase però presso l'artista dopo che il de Haro cadde in disgrazia.

Nella pagina a fianco, in alto: studio monocromo per la *Stele de Haro* (1803-1806) biacca e tempera su tela grezza; Bassano, Museo civico.

Al centro:
Il ritorno dell'eroe morto, studio monocromo per uno dei rilievi del sarcofago per il *Monumento all'ammiraglio Nelson* (1806-1807), biacca e tempera su tela grezza; Bassano, Museo civico.

Monumento Nelson (1806-1807), modello in gesso del sarcofago; Bassano, Museo civico.

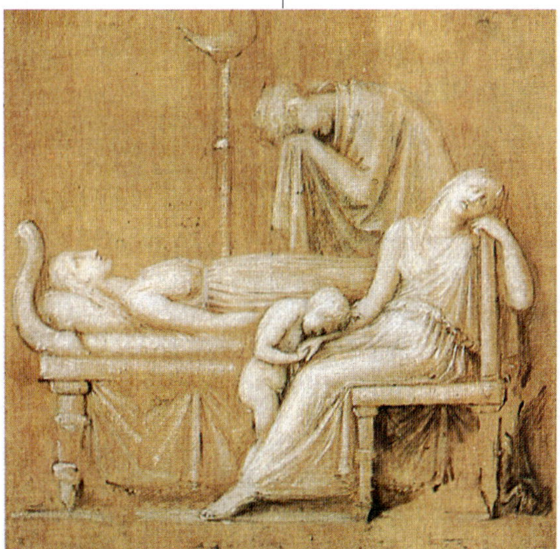

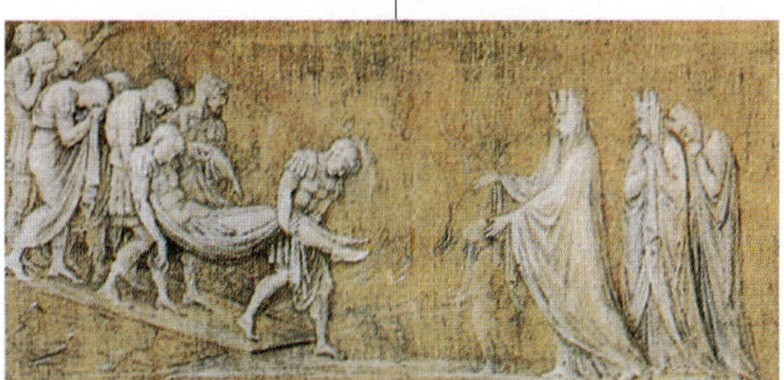

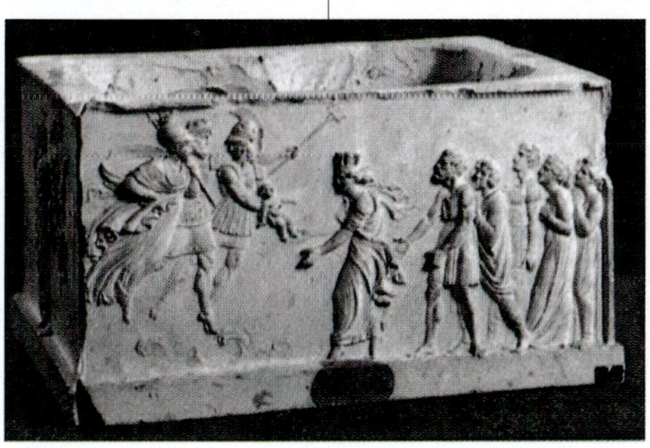

Canova nella letteratura

DA FOSCOLO IN POI

- **Ugo Foscolo**
Lettera a Isabella Teotochi Albrizzi (Firenze, 15 ottobre 1812).

[...] Ora mi tocca [...] parlarvi della Venere del Canova [*Venere Italica*]. Io dunque ho visitata, e rivisitata, e amoreggiata, e baciata, e – ma che nessuno il risappia, – ho anche una volta accarezzata questa Venere nuova.

[...] io ho tutto nella mente e nel cuore il bel simulacro di quella Diva. – Ed è pur bello! ma non crediate che spiri deità come l'altra [*Venere Medici*], né quella celeste armonia: ma pare che il Canova paventasse la terribile gara dell'arte, col greco scultore; onde abbellì invece la sua nuova Dea di tutte quelle grazie che spirano un non so che di terreno, ma che muovono più facilmente il cuore, fatto anch'esso d'argilla. E mi ricordo ch'io, giovinetto, in Firenze, non mi sentii vinto, com'io presumeva, dalla bellezza della Venere de' Medici; ma dopo alcuni anni, quando io la rividi a Parigi, l'adorai per più giorni, e non sapeva staccarmene: nondimeno era divota e meravigliosa adorazione, non altro. Ma quando vidi questa divinità del Canova, me le sono subito seduto vicino, con certa rispettosa domestichezza, e trovandomi un'altra volta soletto presso di lei, ho sospirato con mille desiderii, e con mille rimembranze nell'anima: insomma, se la Venere de' Medici è bellissima dea, questa che io guardo e riguardo è bellissima donna; l'una mi faceva sperare il Paradiso fuori di questo mondo, e questa mi lusinga del Paradiso anche in questa valle di lagrime.

- **Gustave Flaubert**
Note di Viaggio in Italia e in Svizzera (aprile-maggio 1845).

Villa Sommariva: la scalinata di pietra discende fino all'acqua per imbarcarsi sulla gondola, grandi alberi, rose che crescono sopra una fontana. L'*Amore e Psiche* di Canova: non ho guardato altro del resto della galleria; ci sono tornato diverse volte di seguito, e in ultimo ho baciato sotto l'ascella la donna in deliquio che tende verso Amore le sue slanciate braccia di marmo. E che piedino! Che testa! Che profilo! Ch'io possa esser perdonato, da tanto tempo questo è stato il mio solo bacio sensuale, ed è stato qualcosa di più: ho baciato la bellezza stessa, ed era al genio che sacrificavo il mio ardente entusiasmo. Mi sono avventato sulla forma, senza quasi pensare a ciò che volesse dire. Spiegatemelo voi faccendieri di estetica, classificatelo, etichettatelo, pulitevi bene le lenti dei vostri occhiali, e poi ditemi perchè questo mi ha incantato. [In realtà, Flaubert ha baciato una delle copie che Adamo Tadolini eseguì dal gesso originale regalatogli da Canova].

- **Antonio Baldini**
Paolina fatti in là (1924)

Santissimo Iddio, bisogna dire tutto? Saliti i due scalini di legno sui quali s'eleva nel mezzo della stanza il cassone del classico lettuccio, mi sono seduto su quel poco di materasso che Paolina lascia a disposizione.

Come il medico le ho appoggiato un momento l'orecchio sulla gelida schiena. Poi le ho passato il braccio attorno al collo e le ho mormorato nell'orecchio, fra i ricci: «Paolina fatti in là. Dammi ancora un po' del tuo fresco giaciglio. Non ho, tu vedi, dove andare a dormire». Ma stavo molto scomodo. Allora sono andato a sederle da piedi, dove c'era un po' più di posto. E così stando stringevo nella mia mano quel suo piedino liscio e nervoso, dal fine calcagno, dai diti lunghetti, dalla pianta grassottella: piedino di donna che non ha conosciuto le strade terrene se non dall'alto d'un cocchio o d'una lettiga. Ed ecco che non avevo più addosso una sola goccia di sudore.

Così le ho preso la mano che tiene il pomo del giudizio: e ho sentito distintamente la grana dolcissima della pelle e la buccia liscia della mela e le fossette delicate sul dorso della mano e l'attaccatura del picciolo nel frutto. E se tenevo chiusi gli occhi e salivo con la mano, non c'era parte del braccio che sotto le mie dita non rispondesse come vera carne. E quando le passai le mani sul capo, i riccioli mi piovevano tra le dita della nuca rotonda. Quale divino e diabolico artista fu mai Canova!

Amore, *Religione* e morte di Canova

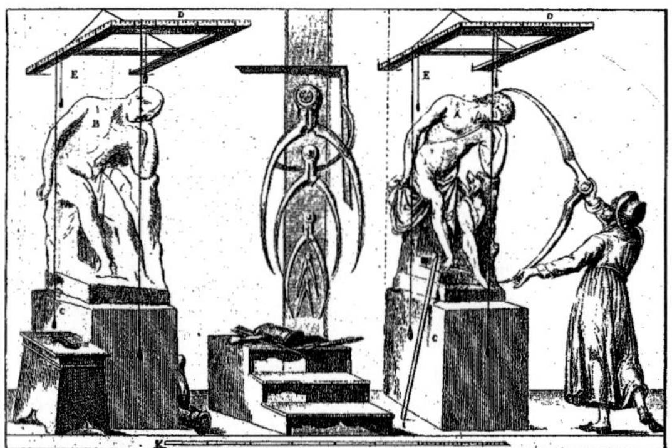

Nella pagina a fianco:
Ebe
(1800-1805);
San Pietroburgo,
Ermitage.

È questa la seconda replica della prima versione dell'*Ebe*. Fu scolpita per Giuseppina Beauharnais ed esposta al Salon di Parigi nel 1808, dove fu molto criticata sia per il vaso e la coppa di metallo dorato, che per l'impiego della doratura e di una patina rosata applicata direttamente sul marmo della statua. Della patina non è rimasta traccia, della doratura appena una traccia sul diadema.

Qui sopra:
Regole per cavare dalle misure qualunque lavoro di Scoltura, tavola dal manuale dello scultore Francesco Carradori *Istruzione Elementare per gli Studiosi di Scoltura.*

SI È SEGUITO LO SVILUPPO del Canova funerario, lasciando indietro lo scultore che aveva conquistato Roma con la tomba di papa Ganganelli. Tra quella e il trionfo ancora più clamoroso di quella di papa Rezzonico, il problema di Canova fu quello di poter trovare formule abbastanza gentili ed eleganti per poter rifiutare il profluvio di richieste che gli piovvero d'allora in poi.

Canova non si lasciò mai intimidire dai nomi altisonanti che richiedevano la sua opera: egli aveva a cuore la sua libertà di ricerca di perfezione e la sua fama, l'unico guadagno di cui fu sempre avido, per amore della quale non importava a chi consegnasse un'opera sua, purché il committente si facesse in qualche modo custode di quell'opera al servizio della curiosità e dell'ammirazione del mondo. In questa luce vanno letti i tanti aneddoti sulla sua suscettibilità implacabile: Canova che vuol riprendersi il suo *Ercole e Lica* perché il banchiere Torlonia si era lamentato di averlo pagato troppo; Canova che rifiuta le offerte del re di Polonia, della zarina di Russia, o persino di Napoleone pur di mantenere la propria autonomia; Canova insomma che seppe sempre amministrare bene l'immenso patrimonio della sua notorietà, pur mantenendo di fronte a tutti la dolcezza dei modi e della parlata nativa, la disarmante modestia che in un periodo storico come il suo, in cui le nazioni e gli stati mutarono padrone così spesso e con così imprevedibile rapidità, gli permise di essere tra tutti gli uomini uno dei più coerenti.

E sì che le sue statue cambiarono mano molto spesso, sequestrate dai francesi come beni inglesi (l'*Amore e Psiche* del Louvre), comprate dagli inglesi come souvenir napoleonici dopo Waterloo (il colosso di *Napoleone* nella casa di Wellington a Londra, il ritratto di *Letizia Ramorino* a Chatsworth), o addirittura mutate come il ritratto di *Elisa Bonaparte* che divenne una *Musa Polimnia* da recare in dono all'imperatrice d'Austria, o come il gran *Cavallo* che a Napoli avrebbe dovuto sostenere Napoleone e sul quale finì per posarsi invece un re borbonico. A questi rivolgimenti Canova si adattò sempre con un lieve sor-

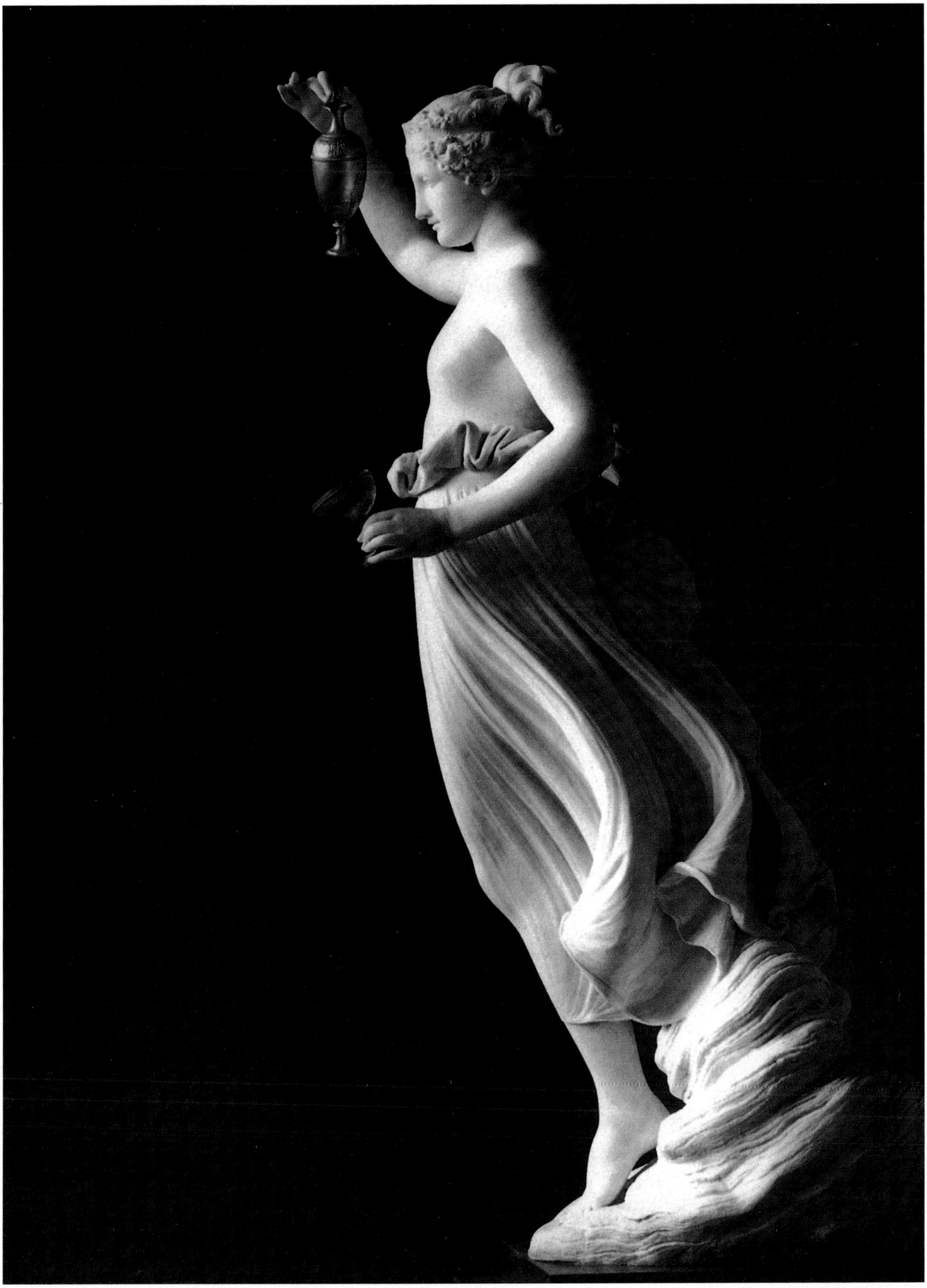

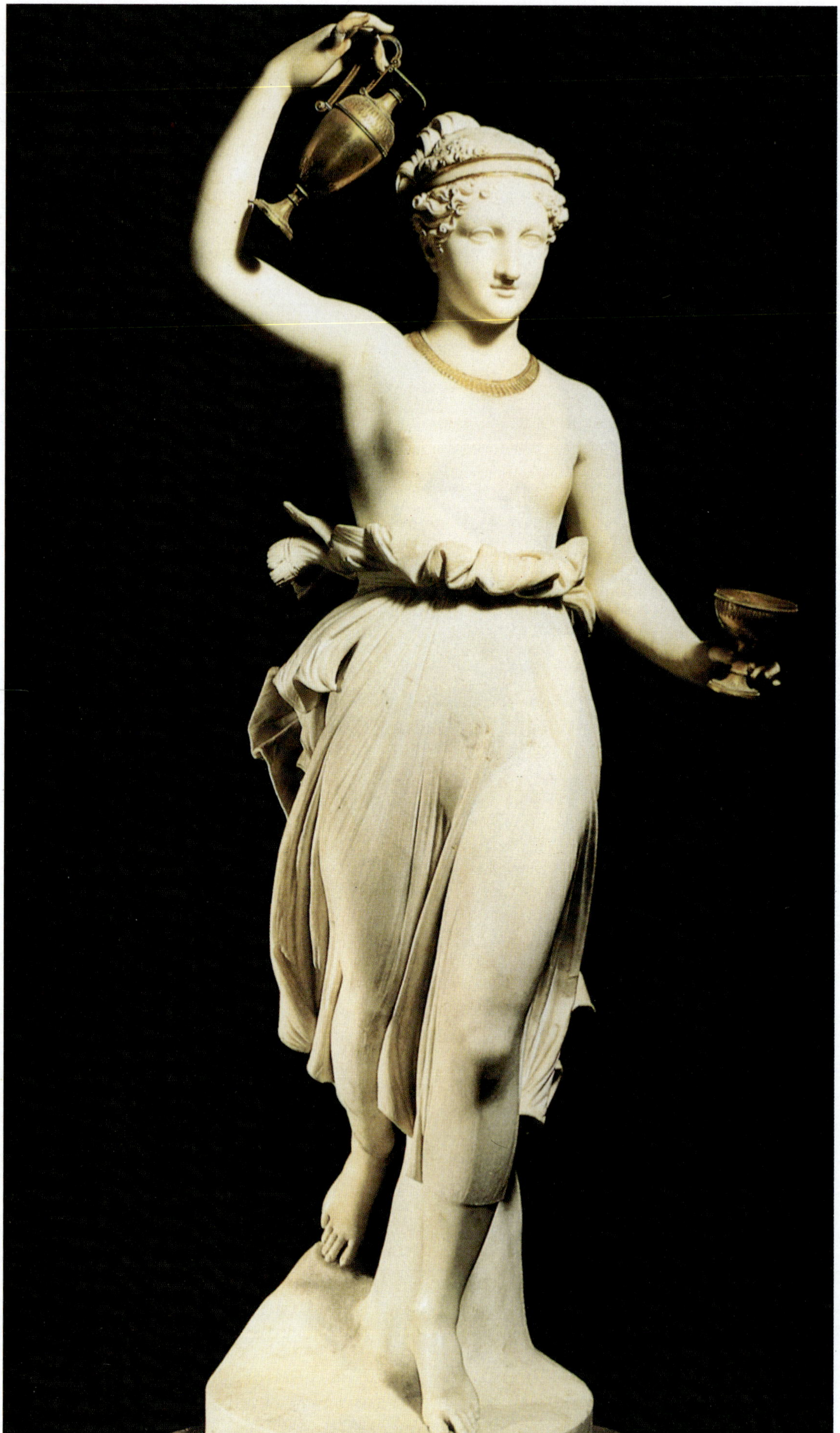

Qui accanto:
Ebe
(1816-1817);
Forlì,
Pinacoteca comunale.

Ultima replica della seconda versione, dove Ebe si appoggia a un tronco. Nella prima versione, di Berlino e di San Pietroburgo, Canova aveva scolpito una nuvola, motivo tratto dal repertorio barocco e perciò assai criticato dai contemporanei.

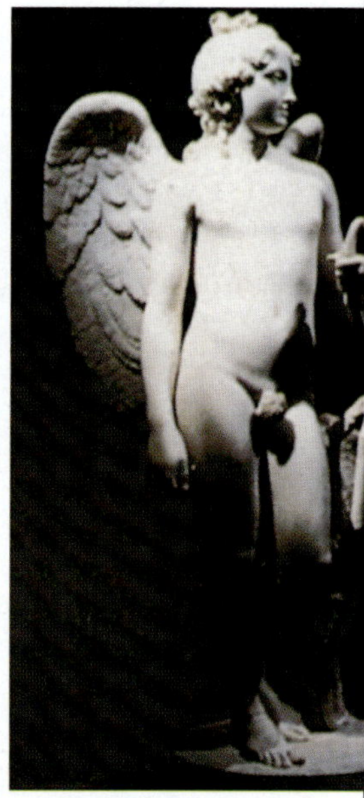

Qui sopra:
Amore alato
(1793-1797);
San Pietroburgo,
Ermitage.

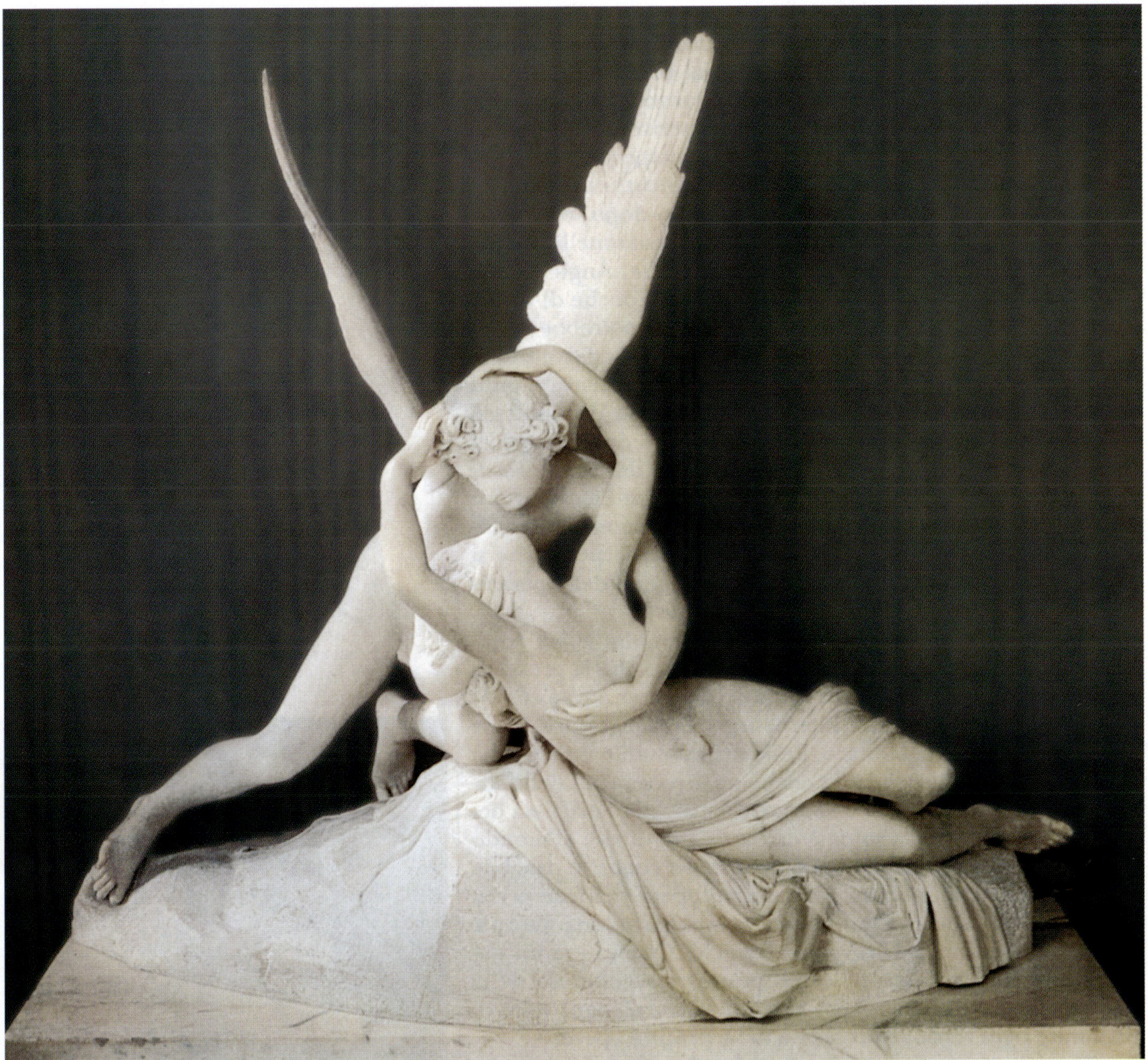

Qui sopra:
Amore risveglia Psiche con un bacio (1787-1793); Parigi, Louvre.

Il gruppo fu eseguito in due versioni: la prima (1787-1793) finì in possesso di Gioacchino Murat ed è ora al Louvre; la seconda, terminata nel 1796, fu commissionata dal principe russo Yussupoff mentre Canova stava ancora lavorando alla prima; è ora all'Ermitage di San Pietroburgo.

riso, che non fu mai piaggeria d'opportunismo, ma ironia e compassione nei confronti dei tragici paradossi della storia.

Canova a Roma ebbe presto coscienza d'essere illetterato e volle colmare le sue lacune facendosi insegnare l'inglese e il francese – il linguaggio dell'Europa che lo ammirò – e facendosi leggere mentre lavorava i classici greci e latini debitamente tradotti. Vedremo che effetto gli farà Omero, e intanto pensiamo a frugare in quei libri di descrizioni d'opere d'arte scritti in età ellenistica, che a Omero stanno come ai versi del Foscolo il diluvio di poesie encomiastiche dedicate a Canova. Quei testi antichi sono però sempre documenti di opere d'arte famosissime e perdute e non ci meravigliamo che a Canova servissero d'ispirazione per la sua personale competizione con gli artisti dell'antichità.

Apriamo per esempio una traduzione ottocentesca di Callistrato e andiamo a cercare la descrizione dell'*Amore* di Prassitele sull'Acropoli d'Atene: «Ogni cosa era a vedersi convertito secondo volontà dell'artefice, poiché del tutto molle sembrava, sebbene l'essenza di esso colla mollizzie pugnasse [...] era nientemeno fatto pastoso in tutto. Anzi sopravanzava della natura i confini coll'assumere anche il respiro alla materia negato...». Per fortuna quello di Prassitele era di bronzo, altrimenti parrebbe veramente che Callistrato stesse descrivendo l'*Amore* di Canova, o meglio il ritratto del piccolo principe polacco Czartorinsky come *Amore* eseguito nel 1788 (Lancut, castello), oppure quello tratto dallo stesso modello poco dopo, con la variante della testa idealizzata, eseguito per il colonnello Campbell poi primo barone di Cawdor (Cambridge, Anglesey Abbey), o la replica di questo per i banchieri La Touche di Dublino di cui si sono perse le tracce. O forse ancora potrebbe essere quell'altra versione, con la variante delle ali e della decorazione più profusamente barbarica dell'arco che ben s'adattava ai gusti un po' chiassosi del committente, il principe russo Yussupoff già fortunato possessore della seconda versione del gruppo di *Amore e Psiche* di Canova e futuro committente del *Saffo e Faone* di David (tutte opere passate all'Ermitage di San Pietroburgo). Escludiamo certamente la replica già nella collezione Sommariva, visto che alcune varianti e l'aggiunta di un serpente che si avvolge attorno al tronco mostrano che il soggetto dell'opera fu cambiato da *Amore* in giovane *Apollo sauroctono.*

Ora davvero non si può dire che Canova non abbia dovuto cedere alle implorazioni dei propri clienti e che la presenza nel catalogo delle sue opere di cinque *Amori*, due *Amore e Psiche giacenti* (Parigi, Louvre; San Pietroburgo, Ermitage), tre *Veneri Italiche* (Firenze, Pitti; Monaco, Residenzmuseum e un'altra già nella collezione Lansdowne), nonché quattro versioni della statua di *Ebe* (Berlino, San Pietroburgo, Chatsworth, Forlì), sia dovuta esclusivamente alla volontà dell'artista di offrire al mondo una versione sempre migliorata di uno stesso concetto passibile di perfezionarsi all'infinito. Ripetere un'opera richiede certamente meno tempo che inventare e completarne una nuova e diversa, ma bisogna subito aggiungere che Canova era un uomo onesto fino allo scrupolo e soprattutto scrupoloso della propria fama, ed è infatti vero che egli si sforzò ogni volta di migliorare ogni versione successiva delle proprie opere.

Ma si è voluto pensare di lui quello che effettivamente accadde, dopo di lui, nell'industria statuaria romana dell'Ottocento quando rimasero a gestirla i pallidi epigoni dell'arte canoviana, i Cincinnato Baruzzi, i Giuseppe Maria Benzoni. Che il maestro eseguisse cioè il modello di creta e dal getto di gesso di questo le schiere di lavoranti al suo servizio facessero poi tante statue di marmo quante se ne potevano vendere. Quest'idea della fabbrica canoviana è falsissima, perché è vero che il procedimento sopraccennato è più o meno quello fissato dal Canova, ma per rendere migliore la sua produzione. Per quanto egli potesse far eseguire parte o buona parte del lavoro di sbozzatura e di esecuzione ai propri scalpellini o giovani scultori, la finitura di una statua era sempre opera sua. Non si tratta del mito romantico della mano del maestro capace di imprimere con pochi tocchi forza e vita al mediocre lavoro degli allievi, ma di una cosa eminentemente pratica: anche quando un profano poteva giudicare una statua ormai quasi finita, in realtà al suo completamento mancava moltissimo.

Si è già detto quanto fosse importante per Canova la superficie di una scultura, e lavorare a essa non è un'opera spet-

Qui sotto:
Amore e Psiche
(1796-1800);
Parigi,
Louvre.

Nella pagina a fianco:
Amore e Psiche
(1800-1803);
San Pietroburgo,
Ermitage.

Delle due versioni di questo che Canova chiamava «un gruppetto di Amore e Psiche platonico», quella di Parigi appartenne a Murat e l'altra fu la prima opera commissionata a Canova da Giuseppina Beauharnais.

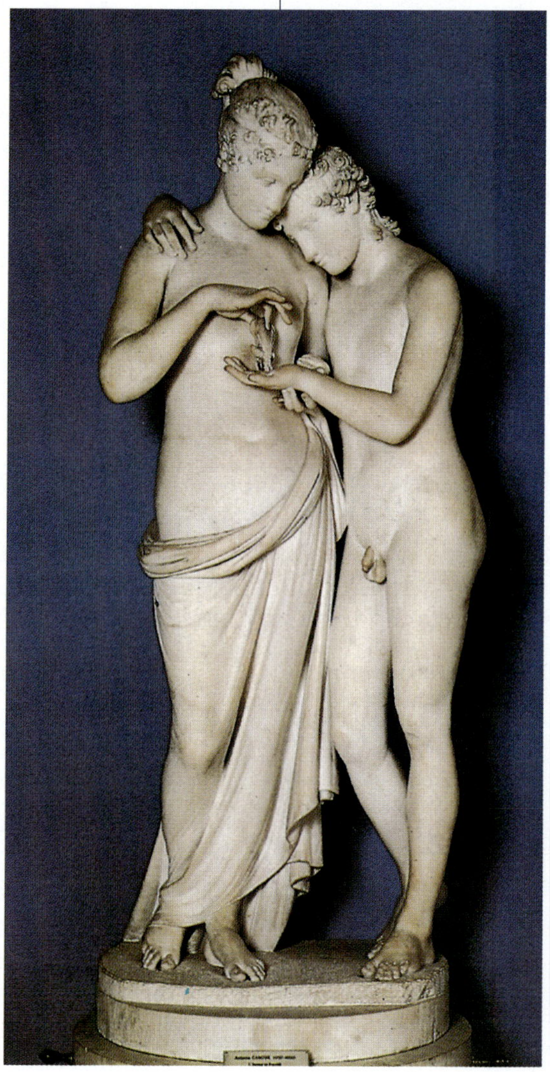

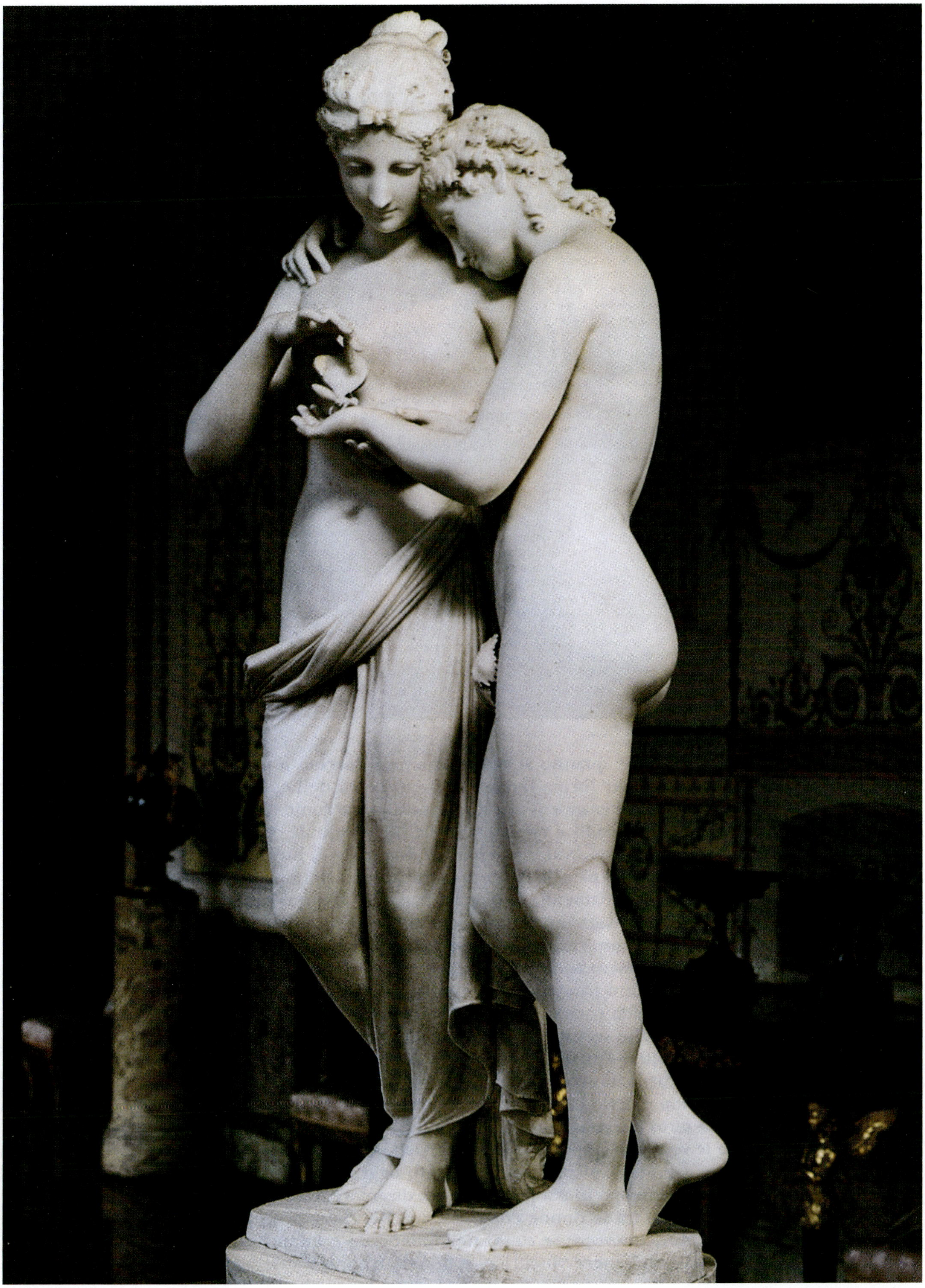

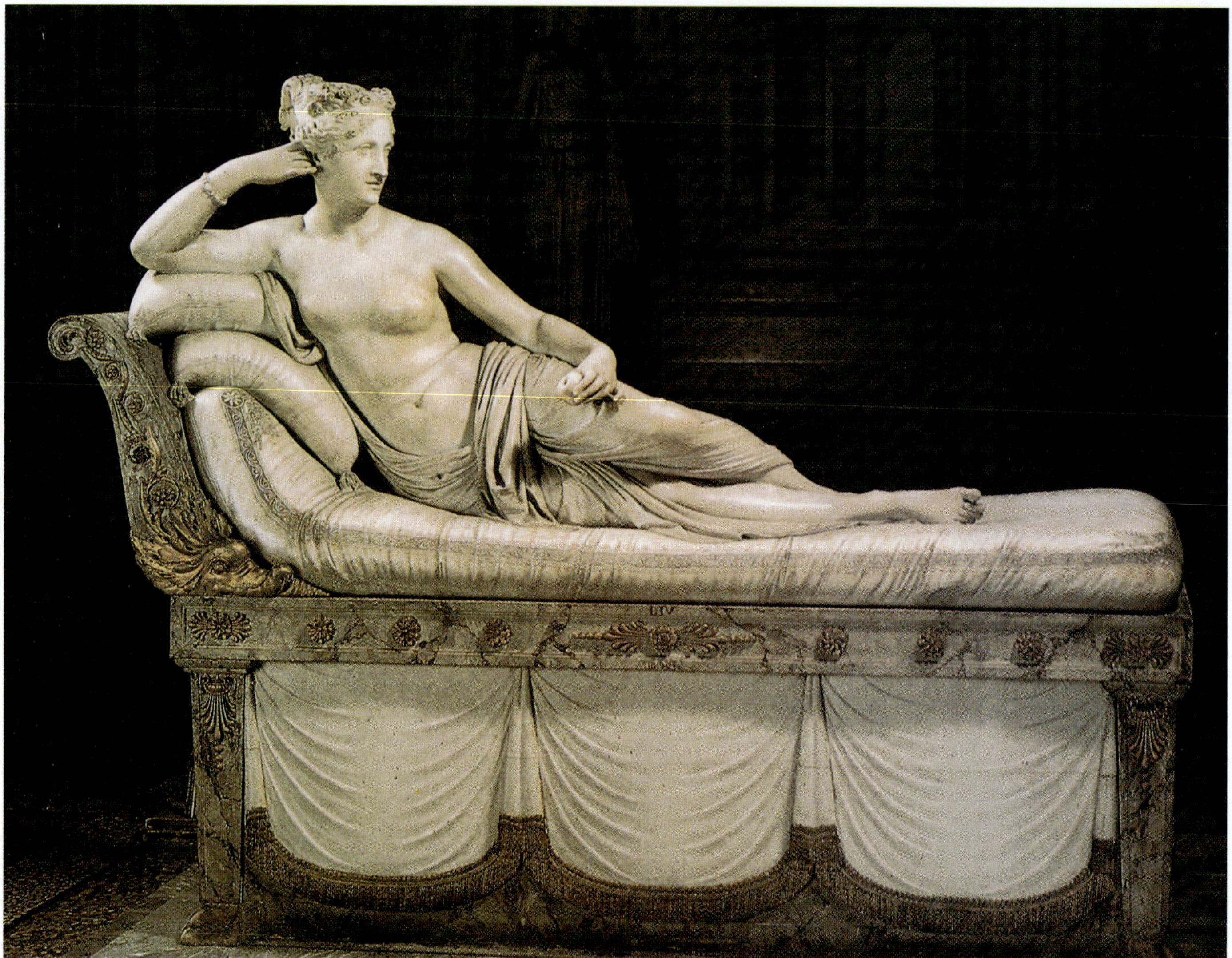

tacolare come quando si vede volar via il marmo a pezzi e il blocco prender forma umana sotto gli occhi dell'osservatore meravigliato. Per giorni e notti soprattutto, al lume di una lucerna, più discreto e rivelatore della luce naturale, Canova si affannava con piccole raspe di sua invenzione, investigando l'effetto di ogni piccola parte di carne, di ogni viluppo di chiome, di ogni andamento di pieghe: badando che qui cadessero come panno bagnato, là volassero come portate dal vento e aderissero come seta sottile al corpo che vi si oppone, e ancora che somigliassero altrove alla leggera ruvidezza della stoffa cruda e in un altro panneggio, a contrasto, dessero invece la scivolosa e morbida consistenza di quei pregiati scialli di "casimiro" che costavano fortune e le belle dame neoclassiche facevano passare interi entro la piccola circonferenza d'un anello per giudicarne la finezza.

Non è certo per passione maniacale che egli si improvvisasse sarto e soprattutto genialissimo parrucchiere, acconciando le vesti e le chiome delle sue modelle, perché, se le sue Polimnie e Tersicori pagano un tributo oggi impercettibile alla moda del tempo in cui posarono per diventare Muse, e una vanitosissima tra le donne come Paolina Borghese poteva lusingarsi di riconoscere se stessa nell'immortale e imperturbabile modello di Venere vincitrice, è perché troppe statue antiche Canova aveva osservato per non rendersi conto che i momenti

Qui sopra e nella pagina a fianco: *Paolina Borghese come Venere vincitrice* (1804-1808); Roma, galleria Borghese.

L'opera fu commissionata dal marito di Paolina Bonaparte, sorella di Napoleone, il principe romano Camillo Borghese.

più alti della scultura sono specchio del loro tempo e che un grano di civetteria sta pure nelle pieghe delle vesti delle dee di Fidia.

Fino al fatale 1797 in cui Bonaparte impose i trattati di Tolentino e Campoformio, a Canova entrambi dolorosi come romano d'elezione e come cittadino dell'assassinata e venduta libertà di Venezia, gli anni che precedono la tempesta delle invasioni e riconquiste che sconvolsero e rapinarono l'Italia, anni di quiete incosciente che fu scambiata per età d'oro, furono quelli in cui Canova fissò il canone delle sue divinità più felici e dolcissime: la *Psiche* in piedi che tiene sul palmo la fragile farfalla dell'anima (Ince Blundell Hall, Lancashire, Inghilterra), *Amore e Psiche* in piedi (Parigi, Louvre e San Pietroburgo, Ermi-

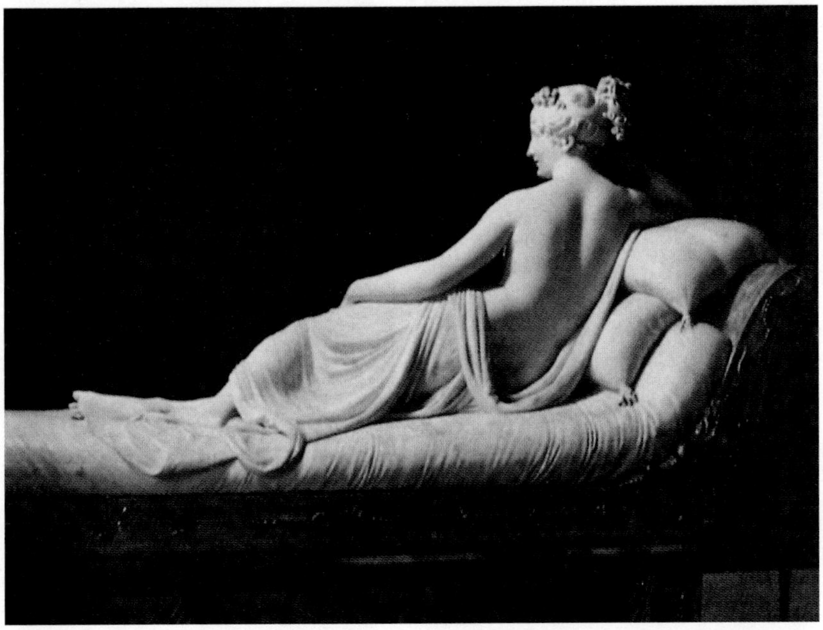

tage), *Amore che risveglia Psiche con un bacio* (Parigi, Louvre e San Pietroburgo, Ermitage), *Adone e Venere* (Ginevra, villa La Grange) e infine la leggerissima *Ebe* (prima versione a Berlino).

Chiunque le veda solo in fotografia, riprese frontalmente, non può comprendere cosa siano le sculture di Canova. Guardandole, dobbiamo forse rifarci al momento in cui Canova le modellò in creta sul cavalletto girevole, plasmandole in modo tale che esse non abbiano mai un punto di vista privilegiato: da qualsiasi punto si guardano, il contorno della forma non solo invita la curiosità dell'osservatore a cambiar posizione, ma sembra quasi anticiparlo accennando l'illusione che la figura stia ruotando da sola. Queste statue di Canova sono fatte per girarci attorno, sono un trionfo della tridimensionalità e spontaneamente chiamano il bisogno di poterle ammirare come unico centro d'attenzione di uno spazio.

Non è solo che i contemporanei per amore della loro bellezza si facessero di nuovo pagani, non è solo che la fama del nome dell'artista trasformasse il luogo dove fosse una sua opera in un sacrario, ma sono proprio le sue statue che vogliono essere guardate da sole. Si veda l'effetto opposto quando più opere di Canova sono allineate in un museo: immediatamente si ha l'impressione di vedere un deposito di gessi, una stanza del museo di Possagno.

Quest'idea della sala canoviana, del tempio dedicato

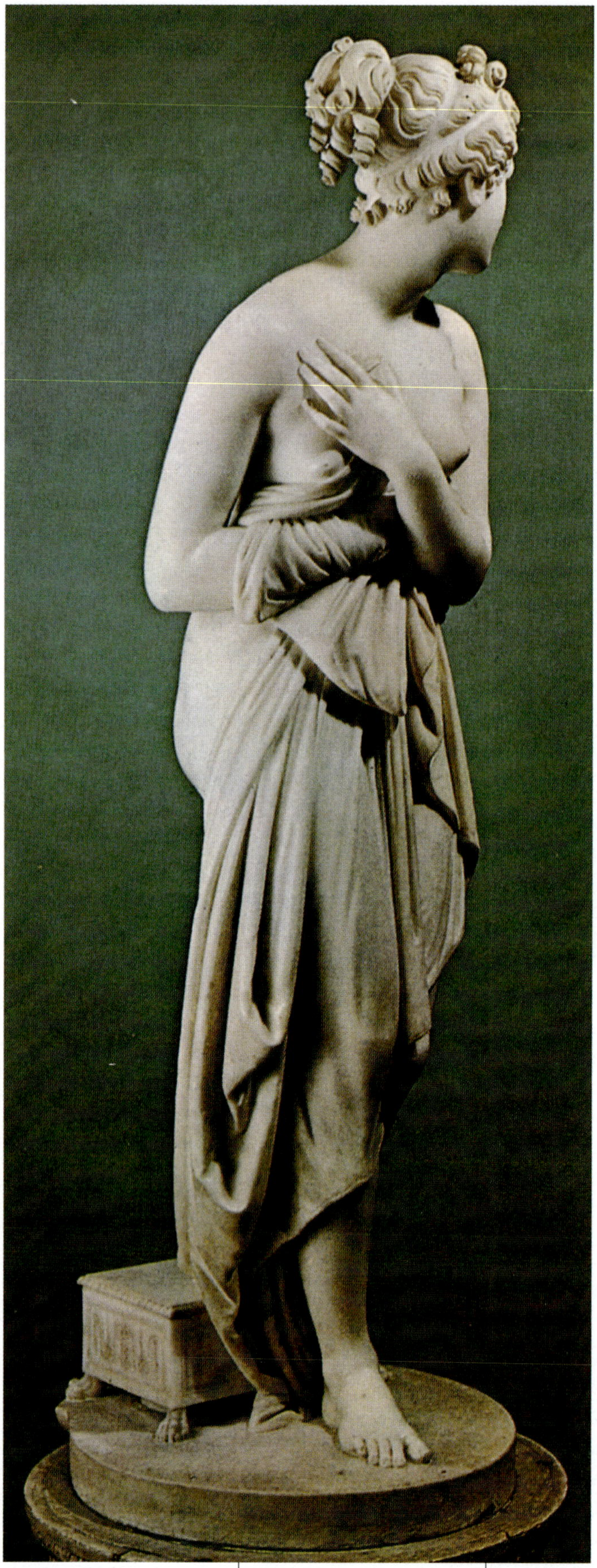

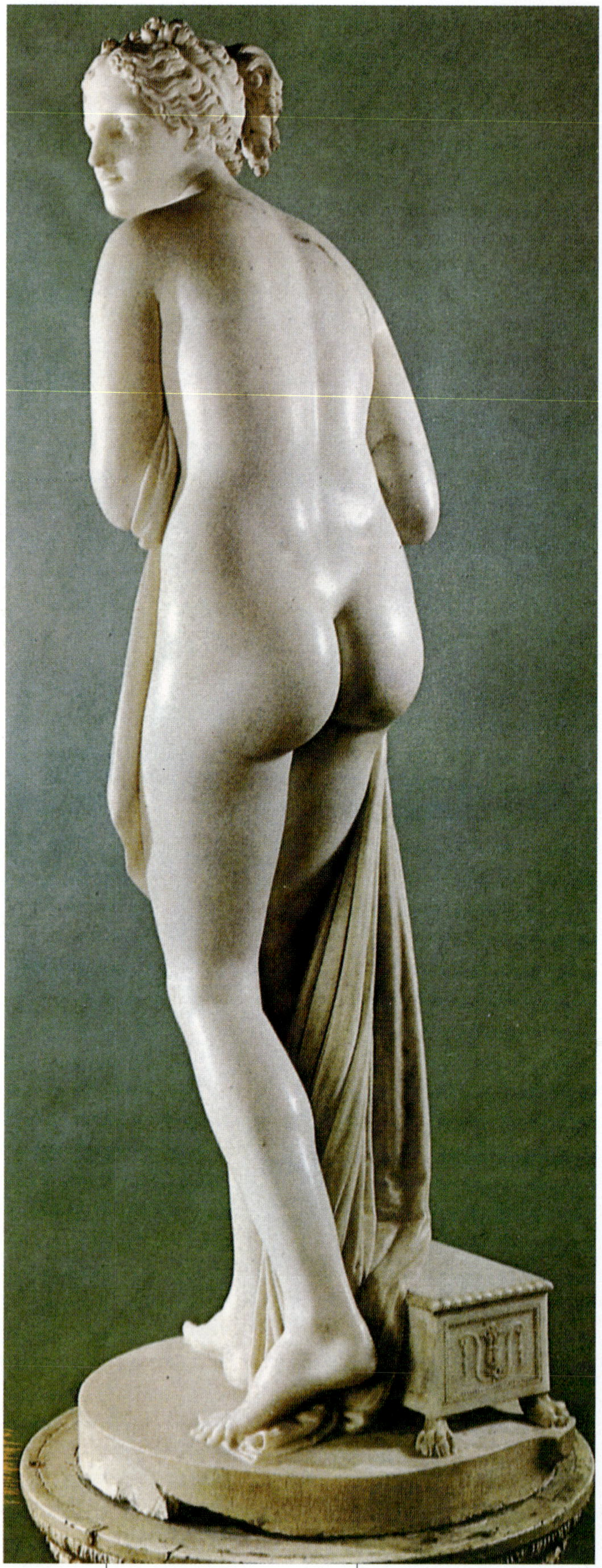

Venere Italica (1804-1812); Firenze, palazzo Pitti, Galleria palatina.

Fu collocata nel 1812 agli Uffizi al posto della *Venere Medici* portata a Parigi; quando questa tornò, la *Venere* di Canova fu trasferita a palazzo Pitti. Una versione ordinata da Ludovico di Baviera è a Monaco, nel Residenzmuseum; di un'altra versione, appartenuta a Luciano Bonaparte e venduta nel 1930 a Londra, si sono perse le tracce.

Qui accanto:
Venere e Adone
(1789-1794);
Ginevra,
villa La Grange.

Il gruppo fu eseguito per il marchese Berio di Napoli e conservato in un tempio nel giardino del suo palazzo. Alla morte del marchese fu venduto a Guglielmo Favre di Ginevra.

Sotto:
Le tre Grazie
(1815-1817);
Malibu,
J. Paul Getty
Museum.

È la seconda versione del gruppo, ora a San Pietroburgo, commissionato da Giuseppina Beauharnais e terminato per il figlio Eugenio. Questa seconda versione fu eseguita per il duca di Bedford e la sua residenza di Woburn Abbey, dove l'opera è rimasta conservata fino al recente acquisto da parte del museo californiano.

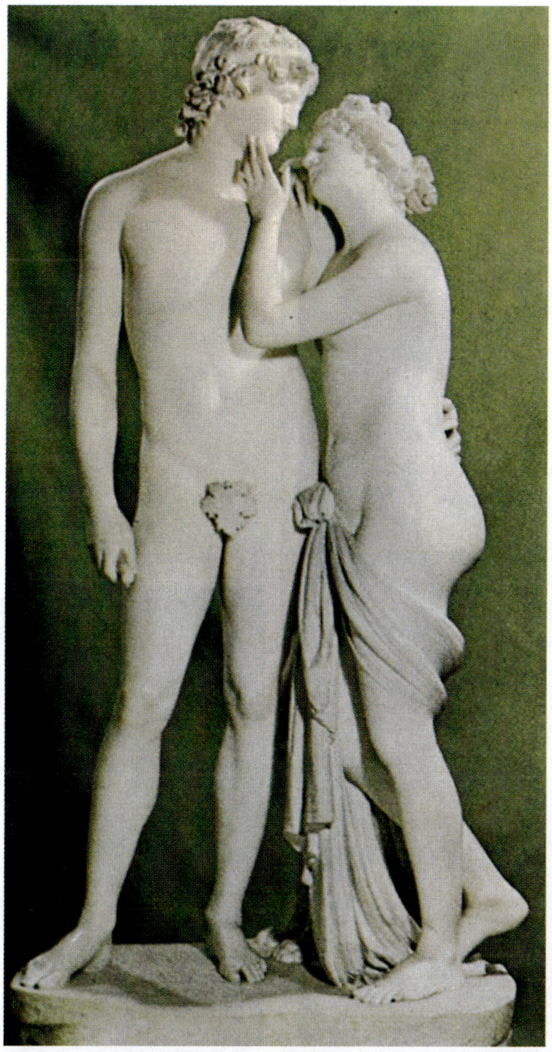

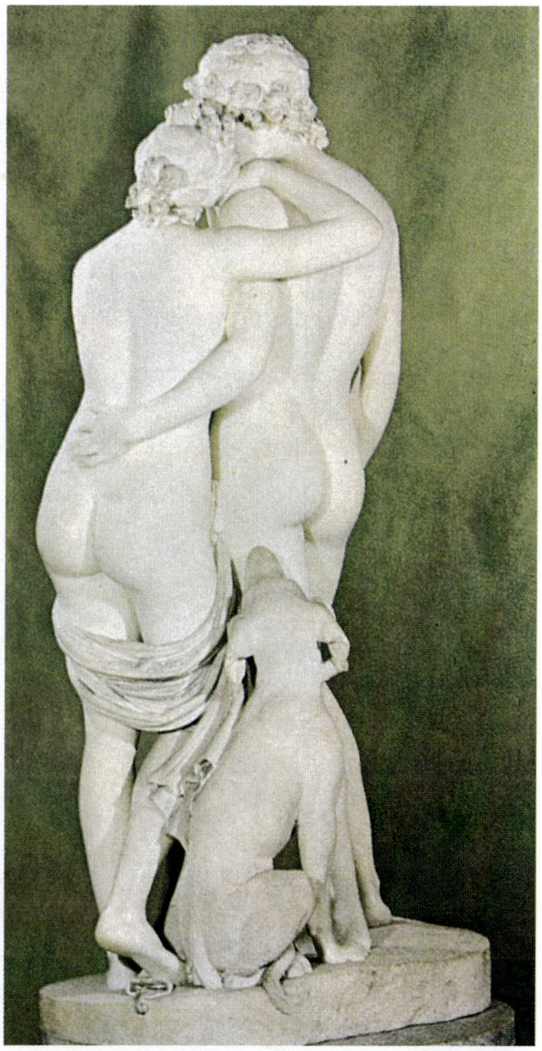

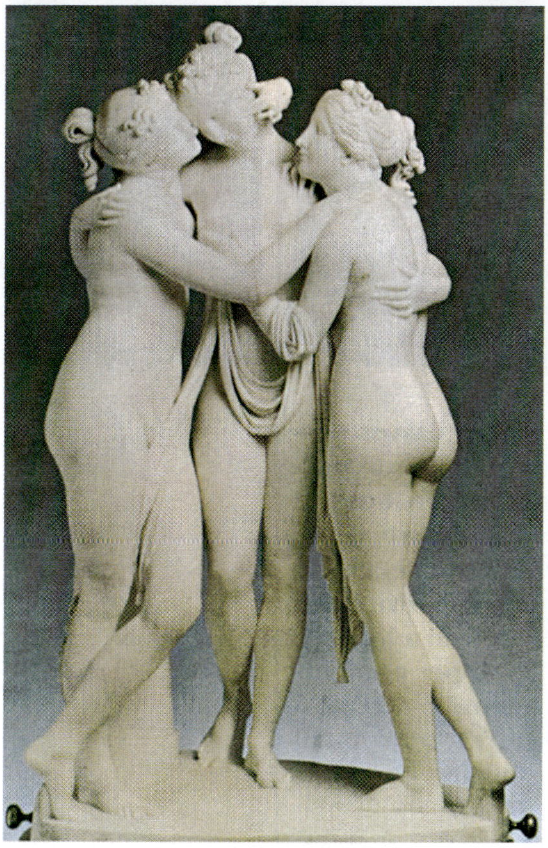

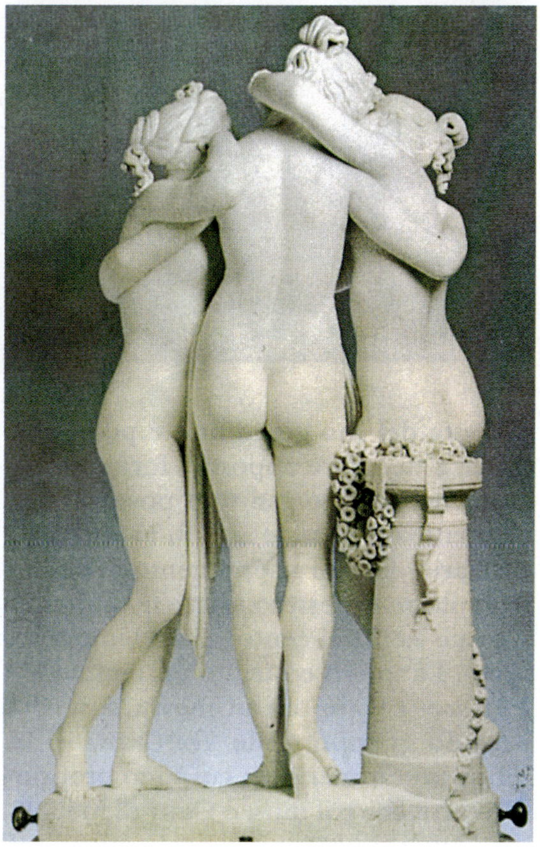

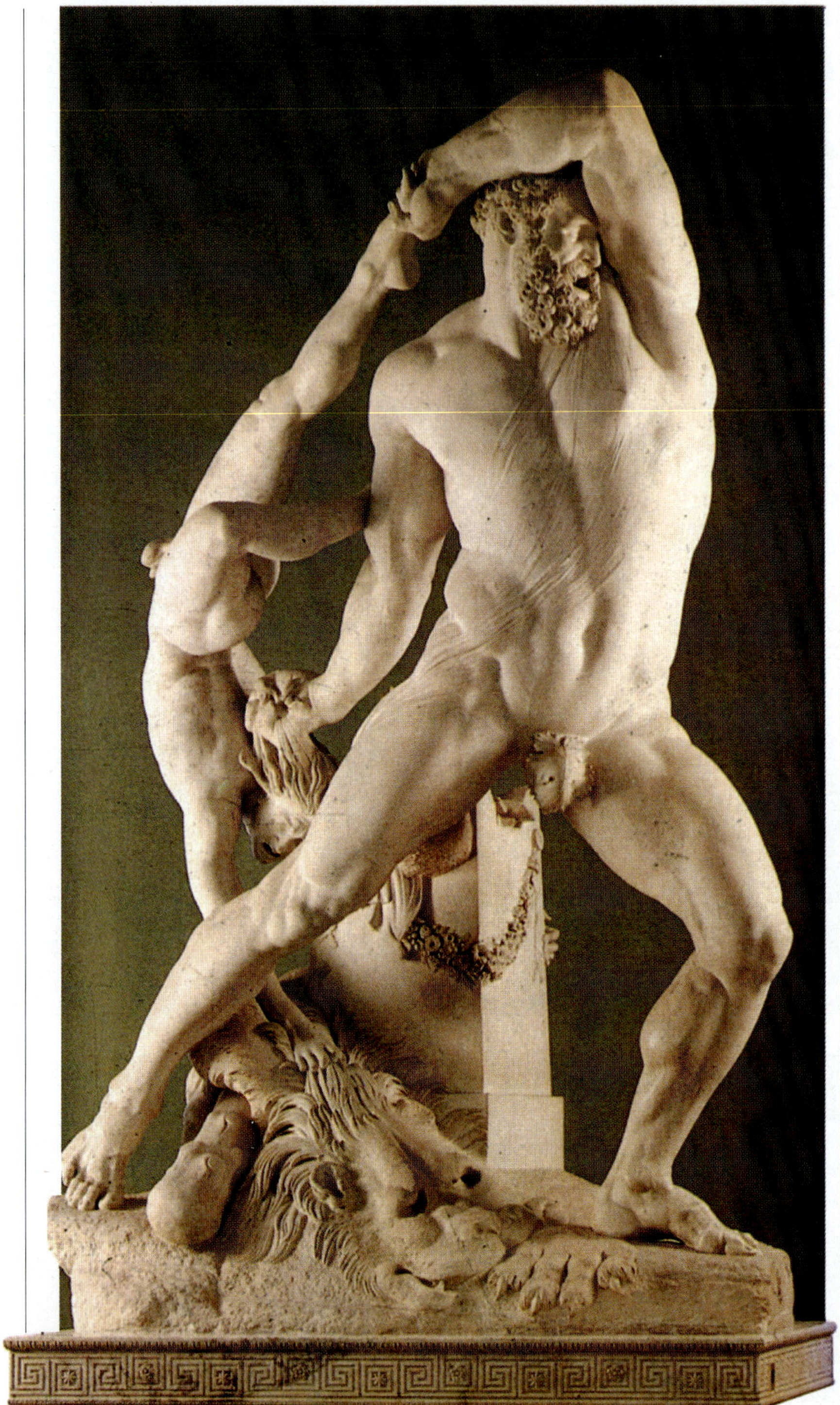

A sinistra:
Ercole e Lica
(1795-1815);
Roma,
Galleria nazionale
d'arte moderna.

L'opera, conservata a palazzo Torlonia di piazza Venezia dal 1815, fu ceduta allo Stato italiano come parte della donazione Torlonia nel 1892 e collocata a palazzo Corsini fino al trasferimento nella sede attuale nel 1929.

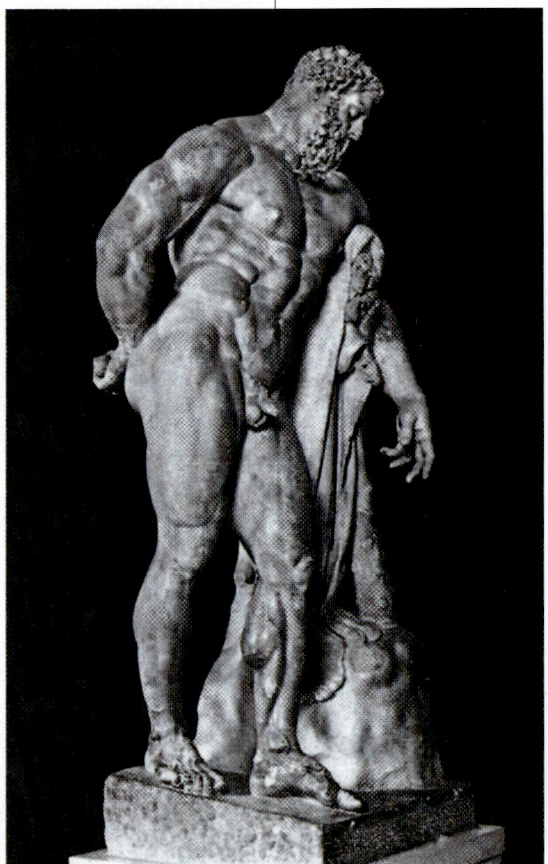

Glicone ateniese,
Ercole Farnese
(III secolo d.C.);
Napoli,
Museo nazionale.

all'opera del suo genio non è peregrina: li fecero davvero costruire e decorare apposta i fortunati possessori delle sue opere, anche quando essi non possedevano altro che un busto o solamente dei gessi, e anzi fu lo scultore stesso a pensare, come corollario del suo risorgimento delle immagini antiche, che le sue sculture dovessero essere tenute proprio come le divinità di Grecia e Roma al centro di un tempio vero e proprio a loro dedicato. Fu infatti costruito un tempietto a Napoli per accogliere l'*Adone e Venere* ora a Ginevra, così come un tempio accolse il secondo gruppo delle *Tre Grazie* in Inghilterra, a Woburn Abbey, un santuario da cui sono proprio ora fuggite, per andare ad arricchire il museo Getty di Malibu.

Vedremo come anche Canova cercò di essere lui stesso

Qui sotto:
busto di *Napoleone* (1810 circa); Firenze, palazzo Pitti.

A destra:
Napoleone (1802), gesso; Possagno, Gipsoteca.

l'architetto di questi templi da costruire attorno alle sue opere, e come queste, sempre più e colossali, condussero il pur prudente Canova a un crescendo di ambizione che arrivò assai prossimo all'empietà e che come tale, pur con quella cautela con cui si poteva censurare il grandissimo artista, gli costò anatemi e umiliazioni. Abbiamo detto dell'*Adone e Venere,* che arrivò a Napoli nel 1795 accolto con lo stesso entusiasmo con cui in antico furono accolte nei templi di Roma le prime statue della Grecia. Diciamo ora della colossale scultura dell'*Ercole Farnese,* una delle più famose dell'antichità, che da Roma fu fatta portare a Napoli dai Borboni nel 1787. Proprio un napoletano, Onorato Gaetani d'Aragona, otto anni dopo, commissionava a Canova, per conto della regina di Napoli, il gruppo colossale di un Ercole – in tutto simile a quello farnesiano, ma furioso – che scaglia nel mare Lica, l'ignaro messaggero che gli recò la mortale camicia di Nesso.

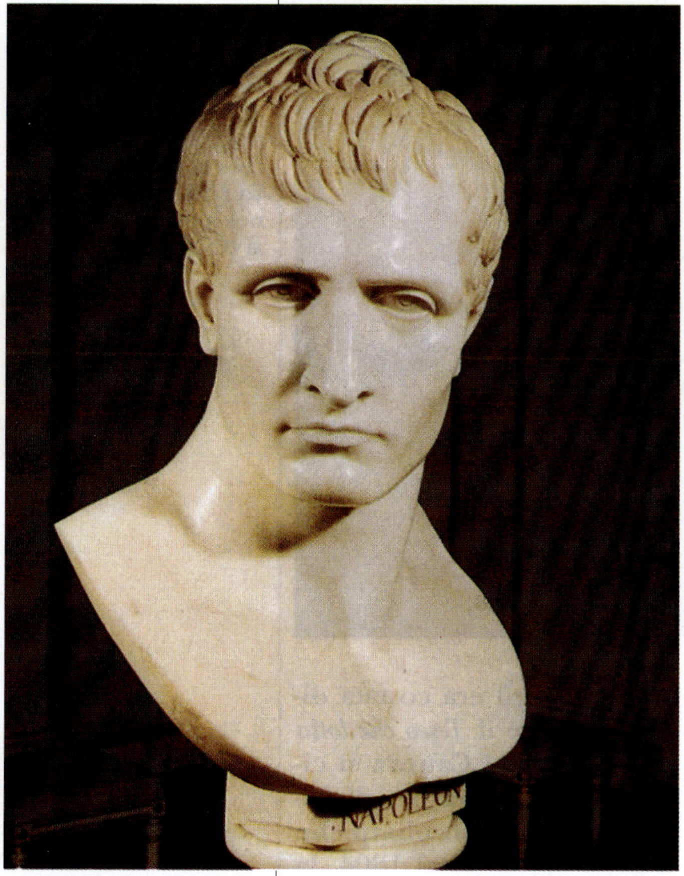

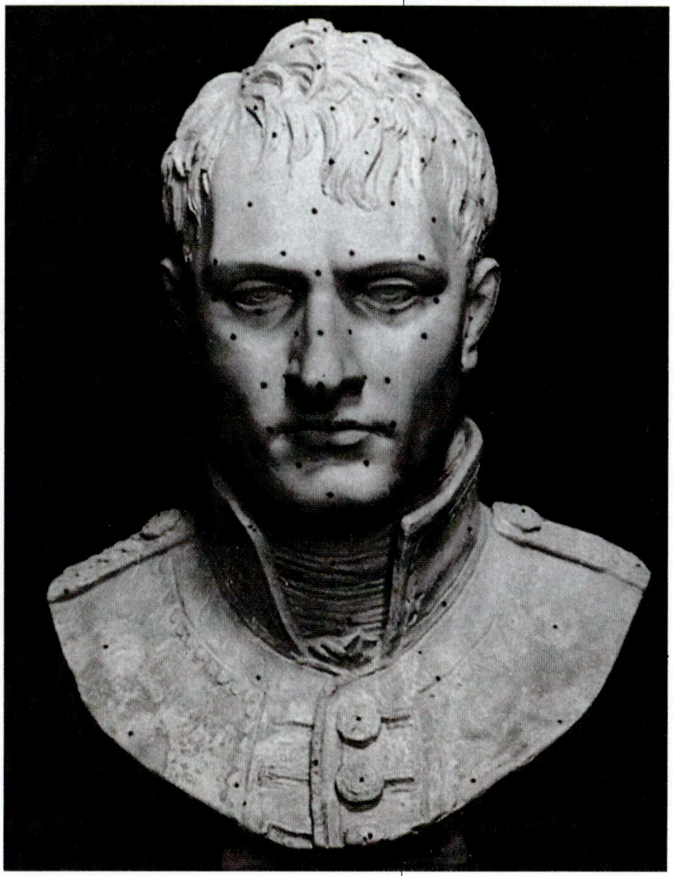

Il modello canoviano del ritratto di Napoleone fu il più diffuso in tutto l'impero. Elisa Baciocchi solo dal 1806 al 1810 ne fece eseguire dodicimila esemplari a Carrara.

«Dovrà poi collocarsi in un tempio» scrive da Roma un contemporaneo, Francesco Piranesi «che si farà espressamente, e la cui architettura sarà dello stesso Canova». La regina di Napoli, cacciata dai francesi, morì senza poter rivedere la capitale del suo regno, e si capisce come dell'*Ercole e Lica* non si poté più preoccupare. Inutilmente Canova lo propose alla reazione vittoriosa prima di Marengo, come simbolo della monarchia che getta in mare «la licenziosa libertà», o dopo ai francesi, come un Ercole infiammato di virtù repubblicana, ma il gruppo non fu mai realizzato finché, anni dopo, non trovò un compratore nel banchiere romano Torlonia che lo mise in onore nel suo palazzo (ora si trova nella Galleria nazionale d'arte moderna a Roma) senza preoccuparsi del significato

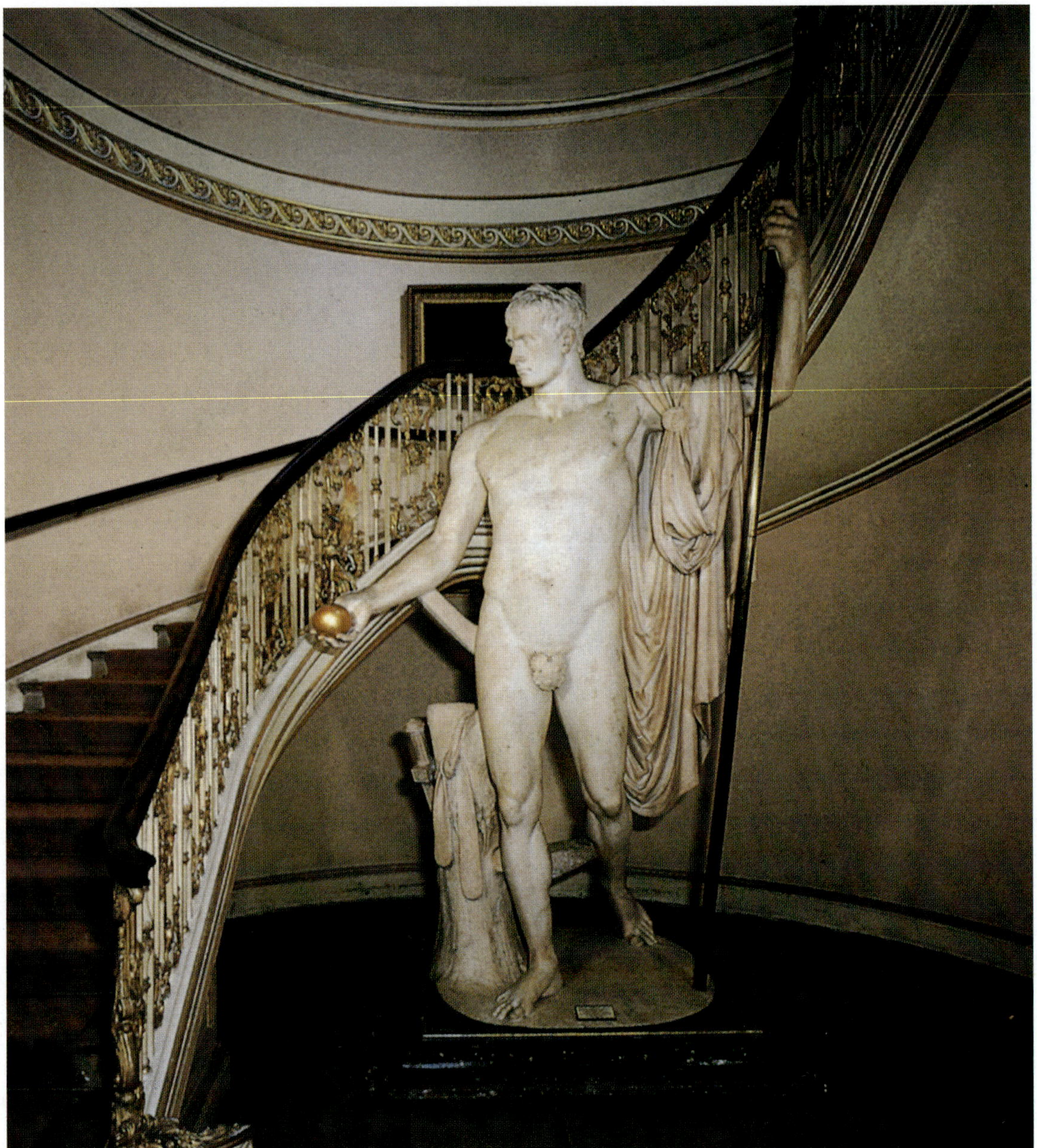

Napoleone come Marte pacificatore (1803-1806); Londra, Apsley House.

Tenuta al Louvre, ma non esposta al pubblico, la statua fu venduta dai Borboni a Lord Wellington per centomila franchi. Dal modello canoviano, per ordine del viceré d'Italia, Eugenio Beauharnais, fu gettata in bronzo nel 1811 una versione ridotta della statua che nel 1813 fu collocata a Milano in mezzo al cortile di Brera e poi esiliata negli scantinati fino al 1859, quando fu ripristinata nel luogo dove si trova tuttora.

dell'opera, se non che era di Canova e che gli era costata diciottomila scudi. Una simile odissea ebbe pure il *Teseo che lotta con il Centauro,* un'altra opera colossale in cui Canova si cimentò con un tema drammatico d'azione violenta per dimostrare che egli non era capace di raffigurare solo olimpiche grazie. Commissionata dalla repubblica italiana nel 1804, la scultura fu portata a termine quindici anni dopo per finire nelle mani dell'imperatore d'Austria che la mise nel giardino pubblico del suo palazzo (ora è sullo scalone del Kunsthistorisches Museum di Vienna) dentro un tempio costruito a imitazione del Theseion di Atene.

Ma la statua che più d'ogni altra sembrava fatta per essere adorata come quella di un dio fu quella, alta quasi quattro metri, che Canova scolpì dal 1803 al 1806 per Bonaparte raffigurandolo, completamente nudo, come *Marte pacificatore.* Ora, al di là della sua statura – fisica, non storica – Napoleone ebbe una fisionomia che sembrava fatta apposta per essere ritratta nello stile della sua epoca: «Oh! mes amis quelle belle tête il a!», gridava David al suo allievo Delécluze dopo aver incontrato Bonaparte per la prima volta, «è puro, è grande, è bello come

Qui sotto, al centro:
Religione
(1814-1815),
modello in gesso;
già a Roma,
Santi Luca e Martina.

Distrutta la vecchia sede dell'accademia di San Luca con l'apertura di via dei Fori imperiali, la collezione dell'accademia fu trasferita nella nuova sede di palazzo Carpegna e il modello della statua di Canova, alto quattro metri, fatto a pezzi. Alcuni frammenti, tra cui il busto e la testa, dovrebbero trovarsi nei depositi dell'accademia.

A sinistra:
Religione protestante
(1815);
Belton,
Lincolnshire,
chiesa parrocchiale.

Nel medaglione è scolpito il ritratto della defunta, Sofia Brownlow.

l'antico! [...] è un uomo a cui nell'antichità si sarebbero innalzati degli altari!». Canova, a Parigi nel 1802, non si mise certo a gridare, ma le sue mani che plasmavano la creta ritraendo il primo console in posa davanti a lui, trovarono da sole i caratteri imperiali di Augusto senza tradire la somiglianza con Bonaparte. I busti di Napoleone dal modello di Canova sono innumerevoli, tanto che si è persa memoria del marmo originale, ma la vera apoteosi che egli preparò all'imperatore sembrò al ritrattato uno scherzo colossale. Canova pensava d'aver fatto un'opera che i posteri avrebbero ricordato come il colossale *Giove Olimpico* di Fidia, una delle meraviglie del mondo antico, ma quando Napoleone si vide così madornalmente nudo, pen-

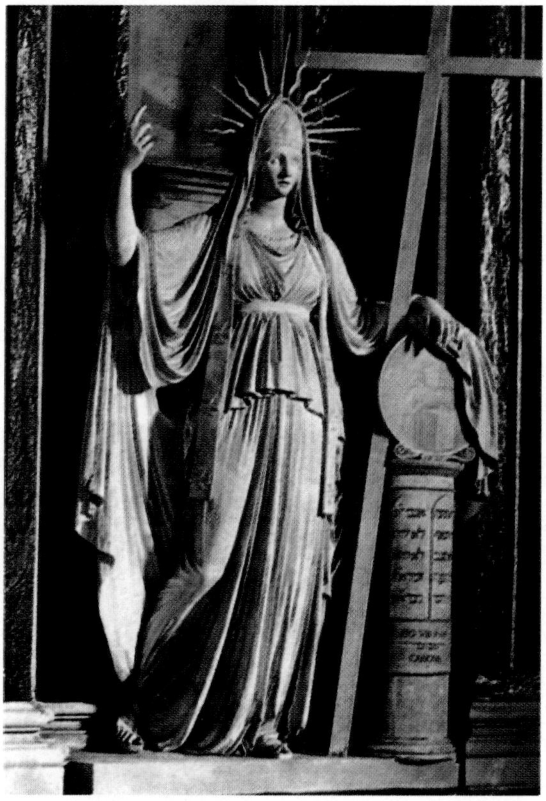

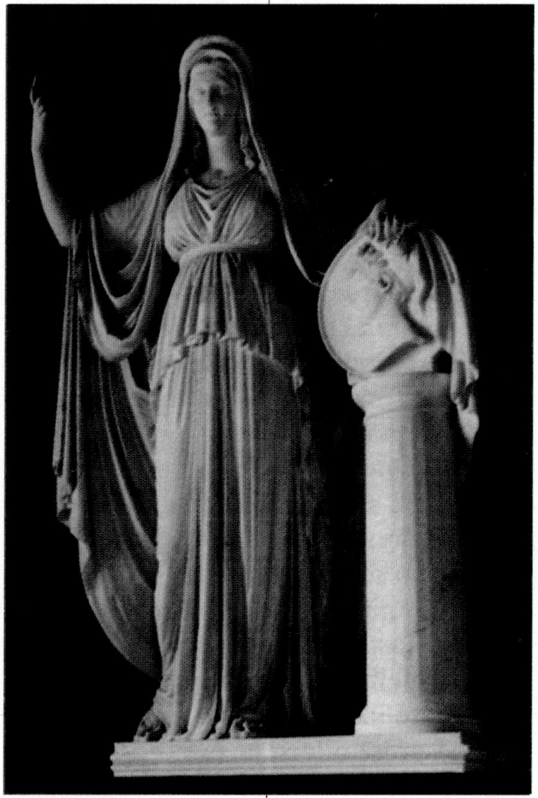

sando ai commenti dei parigini, ordinò che al Louvre la scultura rimanesse perennemente coperta da un telo. Anche David aveva avuto guai con i suoi nudi, ma nessuna ragione archeologica, come quelle che egli scrisse nella sua *Note sur la Nudité de mes Héros,* potevano averla vinta sul costume contemporaneo, che dopo essere stato puro con la rivoluzione, sfacciato col direttorio, era arrivato al perbenismo con l'impero che fu solo un assaggio di quello della restaurazione. Anche gli amici archeologi del Canova, come Ennio Quirino Visconti o Quatremère de Quincy, quando vollero difenderlo scrivendo di nudità eroica e di antichi numi crisoelefantini, non fecero altro che aggiungere ridicolo a ridicolo: ne conservò memoria persino Balzac che ricorda come cosa da ridere il volume di Quatremère sul *Giove Olimpico,* «dove si dimostrava che Napoleone era stato adorato dai Sufi in qualche contrada orientale prima di diventare Imperatore dei francesi».

Se Canova dovette amareggiarsi per il destino del suo *Napoleone* di marmo, un fallimento ancora più grande lo aspettava quando il papa ritornò a Roma dalla cattività napoleonica. La statua della *Religione* che il giovane Canova aveva scolpito per il monumento di papa Rezzonico, con la sua croce in spalla e il suo diadema di aguzzi raggi di luce, aveva avuto un singolare destino, quello di diventare la personificazione della Chiesa di Roma che cadde due volte e due volte fu rialzata nel corso degli avvenimenti che vanno dalla deportazione di Pio VI all'ultimo e definitivo ritorno di Pio VII: piangente e risorta vendicatrice sulle stampe popolari, sulle carte da bollo e le medaglie, sugli archi trionfali di cartapesta, la *Religione* di Canova era divenuta la personificazione di un ideale. Non fa dunque troppa meraviglia che quando Pio VII fu ristabilito a Roma, Canova pensasse di offrire a quel pontefice santificato dalle umiliazioni sofferte dall'ormai sconfitto Bonaparte, l'omaggio di scolpire interamente a proprie spese una colossale statua della *Religione*, alta ben otto metri, da collocarsi dentro la basilica vaticana.

Non so se sia possibile entrare nel merito artistico della questione, se cioè quest'opera sarebbe stata un capolavoro oppure una enormità mostruosa. Anche qui, come nel caso del colosso napoleonico, la storia fa velo all'arte, perché questa *Religione* così filosofica e imperturbabile, sospetta parente della dea Ragione adorata nelle chiese sconsacrate della rivoluzione, divenne in qualche modo personificazione imbarazzante e non richiesta di quello Stato stranamente confessionale e riformista che il cardinal Consalvi, il gran ministro di Pio VII e vero salvatore del patrimonio di Pietro al congresso di Vienna, volle edificare su fondamenta assolutamente inaffidabili. Inutile dire che Canova non ebbe mai un chiaro rifiuto, ma neppure un dichiarato consenso.

Pensò allora di elevarla al Pantheon, che era la chiesa titolare del Consalvi e che Canova aveva già trasformato, per dare lavoro agli scultori di Roma, in una specie di museo laico della fama riempiendolo di decine e decine di busti celebrativi degli italiani illustri (trasferiti poi in Campidoglio) e che ornato anche da quella sua strana *Religione* sarebbe apparso davvero assai poco cattolico. Nemmeno questo tentativo ebbe successo, e Canova si prese allora la sua vendetta scolpendo lo stesso la sua statua, ma in dimensioni più ridotte – cioè alta circa quattro metri – spogliata della croce e del diadema e ribattezzata *Religione protestante* per la tomba della moglie di un inglese, tale Sofia Brownlow, per la chiesa di un paesino del Lincolnshire.

Gli zelanti se ne rammentarono e quando dopo Canova morì anche Pio VII, subito seguito dal cardinal Consalvi per il dolore della perdita del suo ministero, il pontificato di Leone XII arrivò al ridicolo di bruciare pubblicamente le stampe delle licenziose opere mitologiche di Canova e coprire a San Pietro con camicie di stucco le nudità del genio funebre del *Monumento Rezzonico* e dei due angeli piangenti del *Sepolcro degli Stuart* che Canova aveva terminato nel 1819.

I denari che Canova avrebbe speso per la sua gigantesca *Religione* furono destinati alla costruzione di un tempio – cioè di una chiesa, ma così lo volle chiamare – nella sua Possagno, un po' per dar lavoro ai suoi concittadini, un po' per dar corpo alle sue ambizioni d'architetto mettendo assieme la rotonda del Pantheon e il pronao del Partenone. Morì prima di vederlo finito, nel 1822.

Canova si mostrò sempre uomo religioso, ma come artista i suoi soggetti cristiani sono assai rari e spesso impacciati proprio come le mitologie di quegli artisti, magari atei come il Pe-

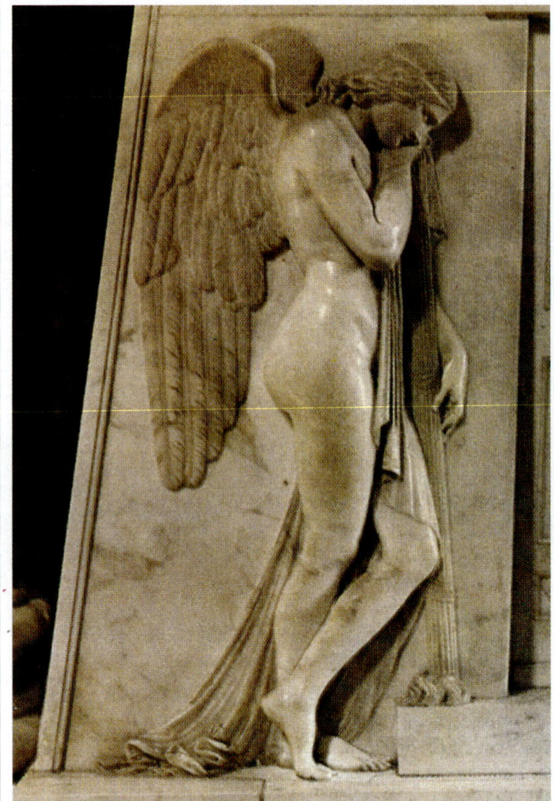

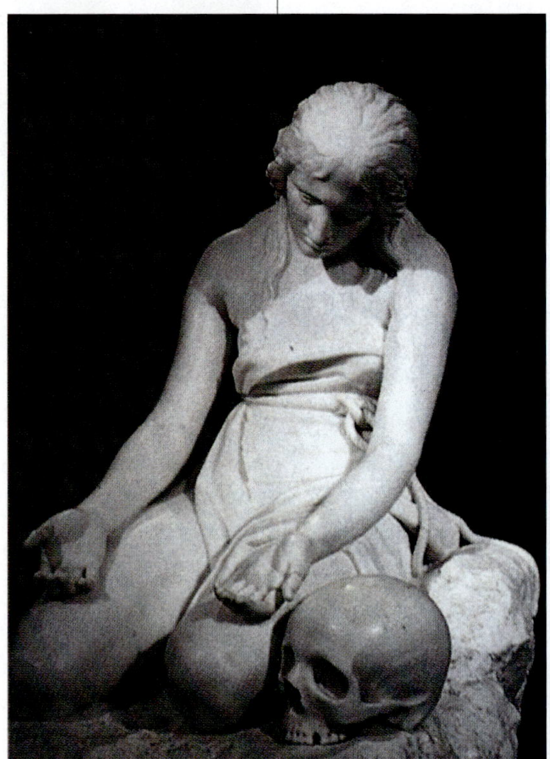

In alto:
angeli funebri
del *Sepolcro degli Stuart*
(1817-1819);
Roma,
San Pietro.

È la memoria funebre degli ultimi membri della casata dei legittimi re del Regno Unito: Giacomo III, Carlo III ed Enrico di York, cardinale e ultimo della famiglia.

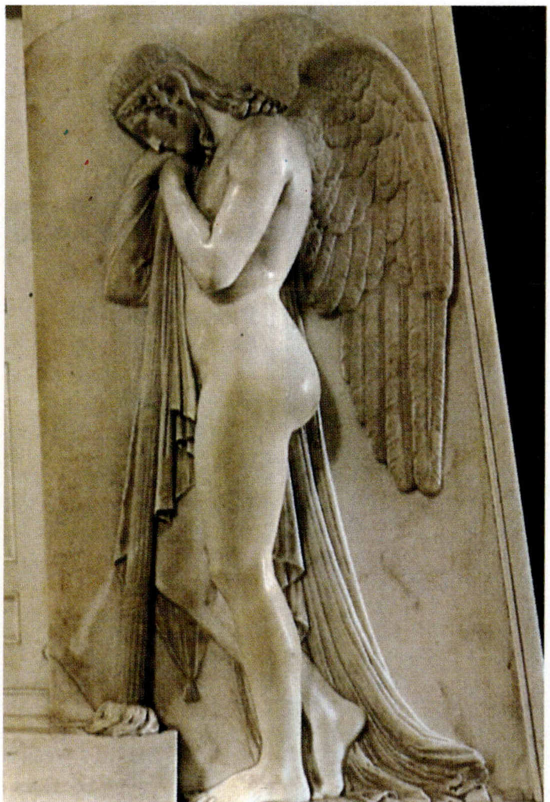

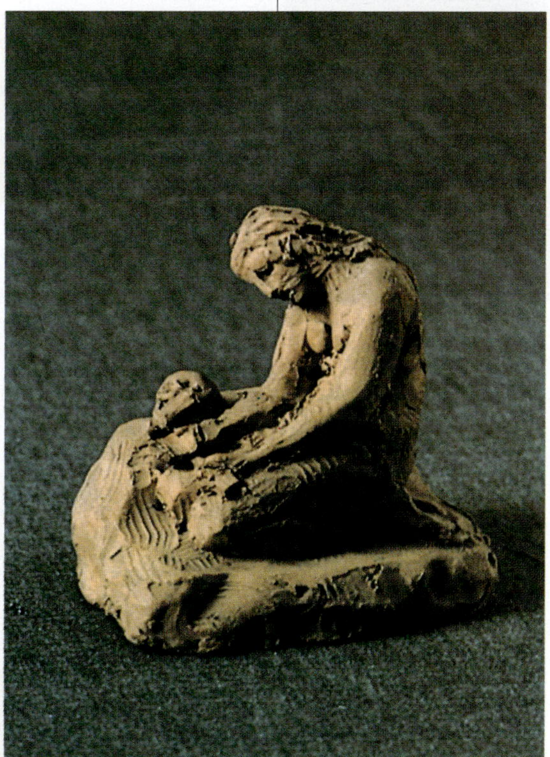

Nella pagina a fianco, in basso:
Maddalena
(1805-1809),
San Pietroburgo,
Ermitage.

È la seconda versione, eseguita per Eugenio Beauharnais.

Qui sopra:
bozzetto
della *Maddalena*
(1793-1794),
terracotta;
Bassano,
Museo civico.

rugino, così racconta il Vasari, ma meravigliosamente dotati a far Madonne e immagini devote. Tra tutte le Pietà e Cristi che rimasero in stadio di bozzetto, nulla vale lo splendido marmo della *Maddalena penitente* (1796, Genova, museo di Sant'Agostino e replica del 1809 all'Ermitage di San Pietroburgo), così meravigliosamente nuda nel suo cilicio di selvatica pelle che il soggetto cristiano sembra scelto apposta per aggiungere un che di più piccante a una Venere fattasi eremita dopo la morte di Adone. Canova stesso doveva rendersi conto che il suo stile esemplificato sull'antico non era adatto a rendere dei soggetti sacri, e dunque cercò di costruirsene un altro guardando alla scultura e alla pittura del primo Quattrocento e dei "primitivi": e qui si potrebbe citare a proposito la gran pala dipinta del tempio di Possagno con il *Compianto di Cristo*, con un Dio raggiante come un sole tratto da una tavola trecentesca del "primitivo" Spinello Aretino ma che sembra inventato dal "visionario" William Blake. Quest'opera ci costringe a parlare di Canova pittore, soggetto in realtà marginale nel complesso della sua opera, così come sarebbero marginali le esecuzioni violinistiche del pittore Ingres se ne fosse rimasta a noi traccia. Purtroppo la pittura di Canova, questo suo strano "Violon d'Ingres", cioè esecuzione di un'arte per la quale egli non era stato esercitato, ha acceso la fantasia di coloro che disprezzavano Canova come scultore e che hanno trovato invece nel pittore uno sfrenato estro romantico. Sarà bene osservare soltanto che Canova non ha mai venduto una sua pittura, che l'ha praticata scherzando per il vezzo di falsificare quadri antichi e sbugiardare poi i suoi amici conoscitori, per devozione e quasi ex voto come nella pala di Possagno, per amicizia, come in alcuni ritratti. Eguale entusiasmo hanno acceso in un recente passato i bozzetti di creta e di cera in coloro che volevano vedervi l'unico fuoco di un Canova congelato nel marmo. Questo modo d'interpretare un artista vissuto a cavallo tra Settecento e Ottocento con un metro che meglio si potrebbe adattare a uno scultore moderno come Medardo Rosso è invece rivelatore dell'assoluta ignoranza, in certi critici, dei procedimenti artistici. Canova non fu e non fu educato come "pittore e scultore", Canova è stato uno scultore, la scultura di marmo era il suo fine e il bozzetto di creta o di cera l'equivalente per un pittore di uno schizzo a penna tirato giù in fretta. Quando Canova appena arrivato a Roma andava alle sessioni di nudo non portava con sé i fogli e il carboncino, ma la sua brava tavoletta di legno con la creta da modellare. Questo per dire che al servizio della sua arte uno scultore può anche disimparare a disegnare o meglio servirsi della penna e della matita per disegnare in un modo assai simile alla scrittura, come traccia mnemonica e non altro.

Molti hanno cercato di trovare scuse complicate per giustificare l'elementarità, la goffaggine di certi appunti disegnati da Canova, ma non ce n'è bisogno. E non perché Canova non fosse abile o capace a disegnare: i disegni che ci rimangono legati alle sue giovanili opere veneziane sono dei disegni nella tradizione tonale veneta come quelli che Tintoretto faceva studiando i calchi michelangioleschi a lume di candela; ma a Roma Canova non aveva più necessità di disegnare se non quando doveva mostrare ad altri, che scultori non fossero, l'aspetto finale di una sua opera.

Ci narra nelle sue *Memorie* Adamo Tadolini, giovane prati-

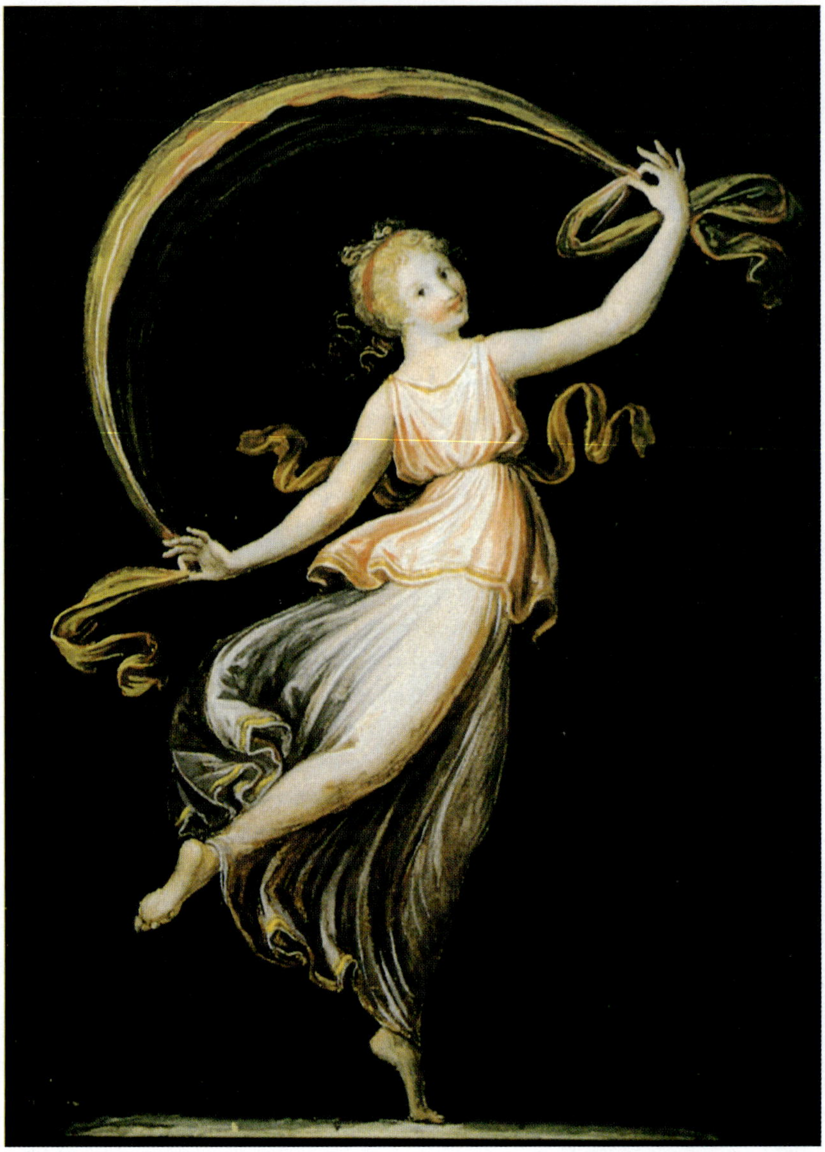

Qui accanto:
Danzatrice
(1798-1799),
tempera;
Possagno,
Gipsoteca.

Nella pagina a fianco:
Danzatrice con cembali
(1798-1799),
tempera;
Possagno,
Gipsoteca.

cante nello studio di Canova e uno dei pochi a diventare poi uno scultore degno di quell'esperienza, che quando il maestro, prossimo alla morte, dovette eseguire il *Pio VI orante* per la Confessione di San Pietro (ora trasferito nelle Grotte vaticane), affidò a lui il compito di fare il modello in creta al naturale, e Tadolini lo plasmò seguendo l'indicazione di un piccolo bozzetto in terracotta eseguito da Canova. Non per questo il modello grande del *Pio VI* diventava opera di Tadolini più che di Canova, semplicemente che Tadolini, da scultore, poteva "leggere" le intenzioni del maestro nel bozzetto con lo stesso occhio con cui un esecutore di musica legge lo spartito di un compositore.

Molte opere che sono state appena menzionate meriterebbero ben più ampia trattazione, così come altre: la splendida serie delle *Danzatrici*, o i busti dell'*Elena*, della *Beatrice* in cui Canova ritrasse Madame Récamier, la grande figura allegorica della *Pace* ora a Kiev o il *Marte e Venere* della collezione reale d'Inghilterra.

Non possiamo però trascurare un gruppo di opere poco considerate perché mai tradotte in marmo, che Canova creò per sé e principalmente per i suoi amici, facendosi oltre che scultore letterato e anche, per come può esserlo uno scultore

Sono "divertimenti" dipinti dal Canova in momenti di ozio forzato, sulla falsariga degli affreschi di Ercolano e dei souvenir che a Napoli si vendevano come ricordi di Ercolano. Nondimeno, il motivo della danzatrice con i cembali darà corpo a una delle più belle danzatrici di Canova, quella scolpita nel 1815 per l'ambasciatore russo a Vienna, conte Razumovskij, ora nei musei statali di Berlino.

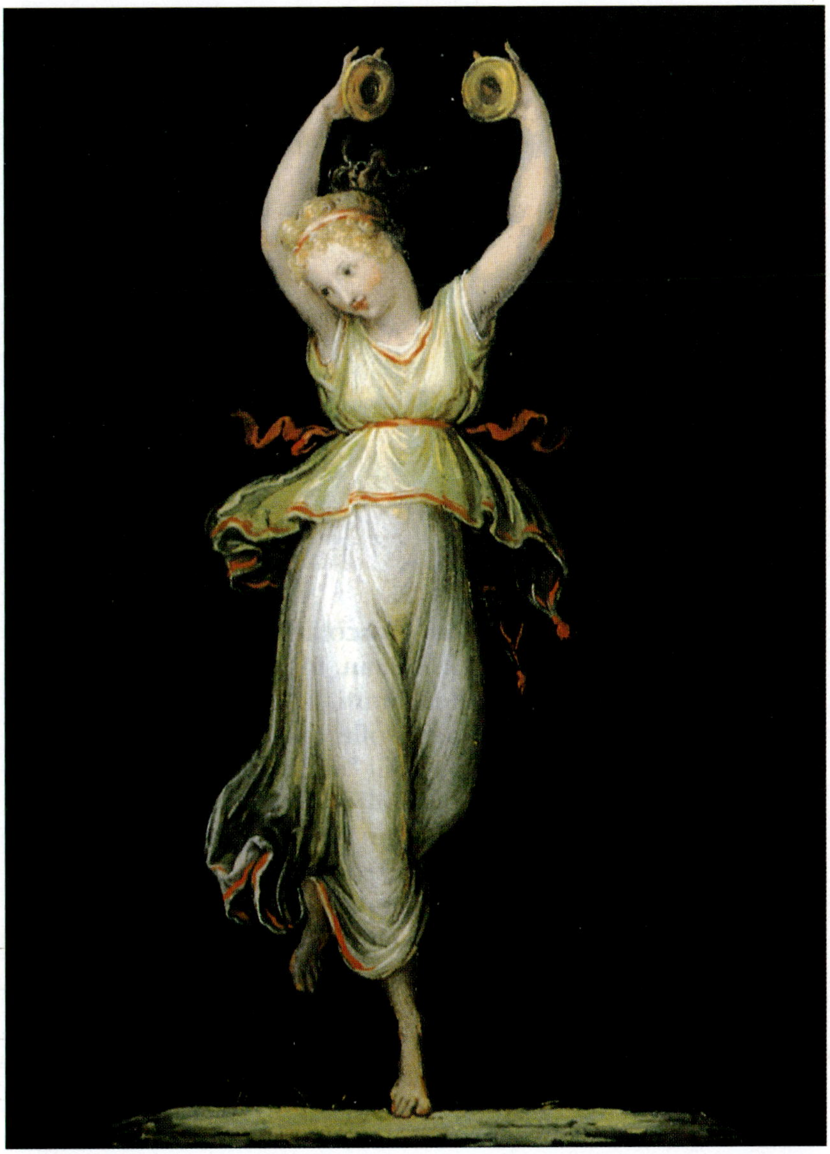

di bassorilievi, emulo di quegli antichi pittori di vasi che della pittura antica avevano lasciato un'idea, sepolta nelle tombe d'Etruria e Magna Grecia che proprio allora si andavano scoprendo. Canova cominciò la serie dei suoi rilievi al tempo in cui lavorava al monumento Rezzonico e si faceva leggere la traduzione dell'*Iliade*, fresca di stampa, dell'amico e allora rispettatissimo letterato Melchior Cesarotti. E Canova cominciò infatti traducendo Omero nella sua lingua, il rilievo. Più ancora che alle leggende del ciclo omerico finì poi per appassionarsi alla storia del processo e della morte di Socrate, un vero e proprio ciclo a cui egli dedica ben cinque rilievi. Strana adesione, da parte di Canova, a quello stoicismo neoclassico che darà vita al gran quadro davidiano di *Socrate che beve la cicuta*. Leggiadri e più piacevoli, anche quando il soggetto è lacrimevole, sono invece i rilievi mitologici con la *Morte di Adone*, *Bacco bambino consegnato alle ninfe*, e quello con la *Danza delle Grazie*, capostipite in scultura di tutte le esercitazioni pittoriche pompeiane del Canova (a Possagno).

La possibilità che offre il bassorilievo di scultura narrativa, di espressione molteplice di emozioni e affetti che sarebbero impossibili a un gruppo affollato di statue, è straordinariamente utilizzata da Canova, e in modo assai più magistrale che nel-

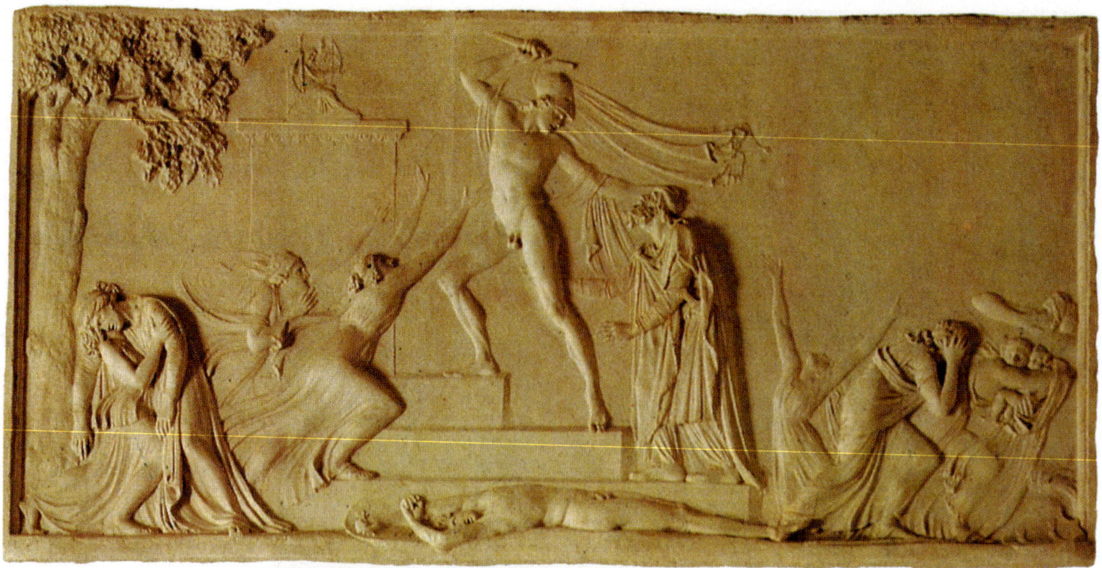

le famose e celebrate incisioni “vascolari” di soggetto omerico che lo scultore inglese John Flaxman, intimo del Canova, andava incidendo a Roma negli stessi anni.

Queste opere Canova non volle mai eseguirle in marmo, ma, gettate in gesso e riproducibili “ad infinitum”, cominciarono a viaggiare per l’Italia come affettuose cartoline neoclassiche i cui destinatari erano gli amici del Canova: il Zulian suo primo protettore, la famiglia Rezzonico, ammiratori e clienti padovani e ancora tanti altri come, a Roma, il banchiere Torlonia o monsignor Lante, per i quali l’architetto Giuseppe Valadier decorò canovianamente le ville di delizia sulla Nomentana e al Gianicolo.

Questa generosità delle proprie invenzioni, unita al proposito di non trasformarle in marmo per non dare a nessuno il privilegio di un’opera unica fu certo un’intelligente promozione della propria arte, per accontentare gli ammiratori senza dover dar via le faticatissime opere di marmo, e per far sì che negli interni neoclassici la scultura fosse la protagonista dell’arredo spodestando anche i quadri di pittura dalle pareti.

Si può dire davvero che la sfortuna postuma di Canova sia cominciata negli ultimi istanti della sua agonia, approfittando della quale il suo fratellastro, l’abate Giovanni Battista Sartori, al suo fianco come segretario da ventidue anni, gli carpì “in articulo mortis” un nuovo testamento che annullava il precedente depositato a Roma.

Da semplice destinatario di una rendita, l’abate Sartori diventò così erede universale delle sostanze, delle opere e del buon nome di Canova. Sarà meglio non entrare in dettaglio di come questo prete, che finirà per farsi nominare persino vescovo di Mindo – “in partibus infidelium”! –, fece strazio di tutto, ignorando il desiderio di Canova che avrebbe voluto trasformare il suo studio di Roma in un’accademia di scultura, distruggendo modelli originali, regalandoli senza criterio, facendo completare le opere non finite da scultori mediocri e vendendole per lavorate dalla mano del maestro. E la mano destra di Canova sicuramente si doveva agitare nel chiuso dell’urna dove fu deposta all’Accademia di belle arti di Venezia. Il cuore invece venne deposto nella chiesa veneziana dei Frari, in un monumento fatto eseguire da Leopoldo Cicognara sulla falsariga di

Qui accanto:
Morte di Priamo
(1787-1790),
bassorilievo in gesso;
Possagno,
Gipsoteca.

Nella pagina a fianco, in alto:
Giuseppe Fabris,
Rinaldo Rinaldi,
Luigi Zandomeneghi
e altri,
Cenotafio del cuore di Canova
(1822-1827);
Venezia,
Santa Maria Gloriosa
dei Frari.

È una parafrasi della progettata tomba di Tiziano e di quella realizzata da Canova per Maria Cristina d’Austria a Vienna. Fu ideata e promossa dal Cicognara in memoria dell’amico, oggetto privilegiato dei suoi studi.

Sotto:
Tempio di Possagno,
incisione
da Antonio Nani,
Il Tempio Canoviano illustrato,
Treviso 1863.

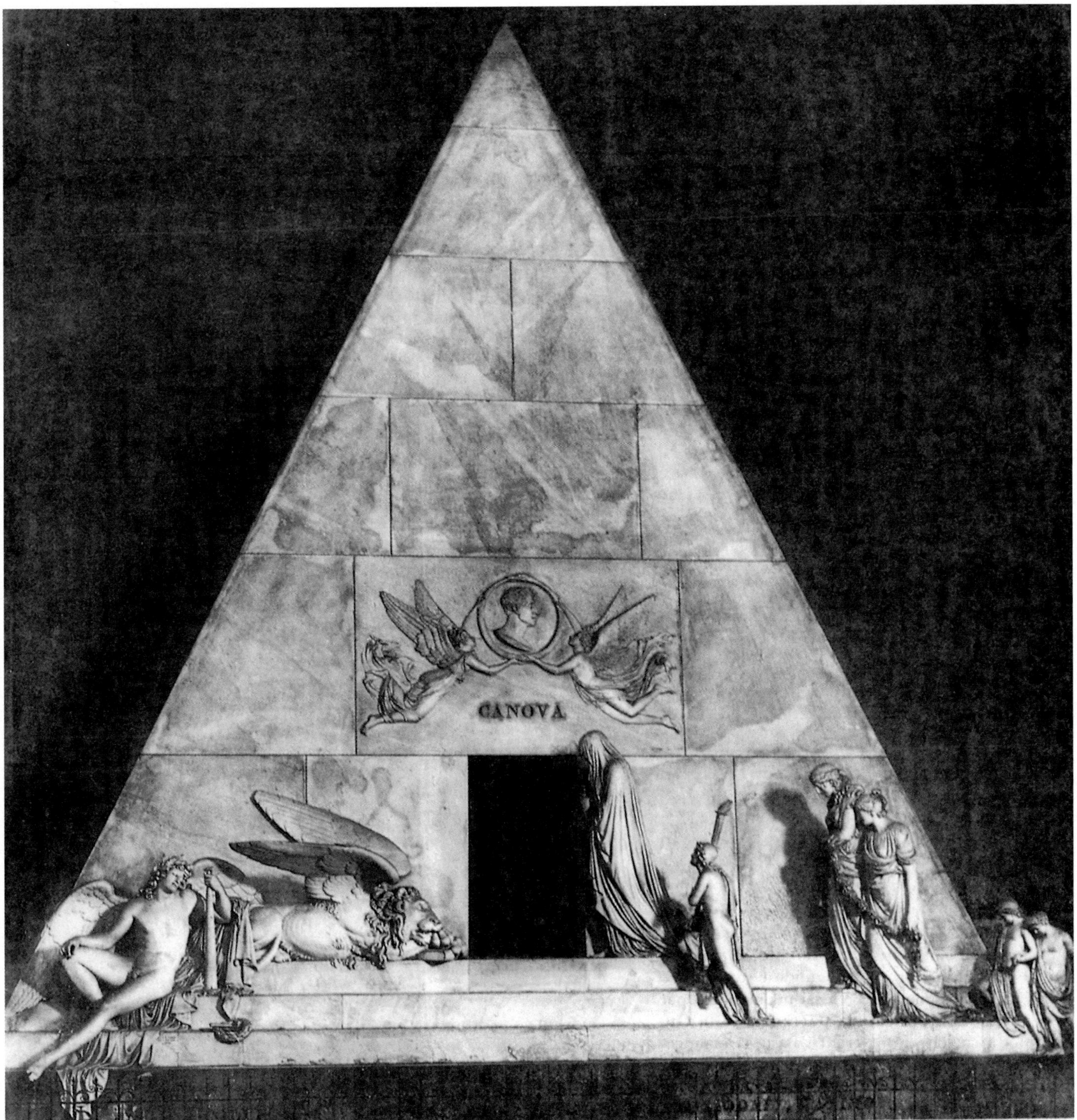

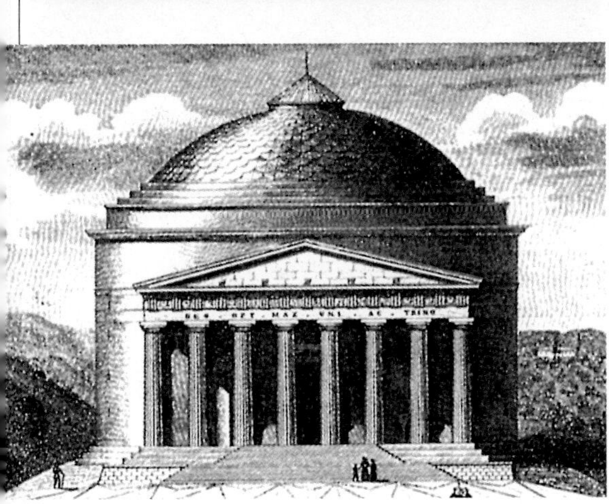

quello viennese di Maria Cristina d'Austria: per pagarlo il vecchio amico, biografo ed esegeta di Canova, aprì una sottoscrizione bussando cassa in tutta Europa e perfino in entrambe le Americhe.

Credeva di far bene, ma è pur vero in parte ciò che ne ha scritto Stendhal, che la tomba di Canova è la tomba della scultura. Della sua certamente, che i protagonisti della scultura italiana che vennero dopo di lui non furono suoi allievi, ché allievi propriamente detti non ne ebbe, e i suoi seguaci non furono, con la sola eccezione di Adamo Tadolini, artisti di gran vaglia. Rimane da dire dove fu sepolto il resto del corpo: con l'abate Sartori. Per l'eternità, purtroppo, il genio giace accanto alla mediocrità sotto la gran volta di Possagno.

La fama usurpata di una copia

UNA BALLERINA DISPERSA IN RUSSIA

È una cosa davvero curiosa che tutte le moderne pubblicazioni su Canova indichino come opera del maestro di Possagno la *Danzatrice con il dito al mento* esposta alla Galleria nazionale d'arte antica di palazzo Corsini a Roma. Si tratta invece di una copia, come indica del resto anche la targhetta apposta sul suo piedistallo. Fu eseguita negli anni Trenta dell'Ottocento dal carrarese Luigi Bienaimé (1795-1878), allievo prediletto e direttore dello studio di Bertel Thorvaldsen a Roma, su commissione del blasonato banchiere Alessandro Torlonia, allora l'uomo più ricco di Roma. E infatti attorno a lei sono esposte altre sculture, tutte di artisti attivi a Roma dopo la morte di Canova, che decoravano il demolito palazzo Torlonia di piazza Venezia e che vennero donate allo Stato italiano dalla figlia di Alessandro nel 1892. Il gesso originale dell'opera di Canova, datato 1809, è a Possagno, mentre la statua, terminata nel 1814, fu venduta al banchiere Domenico Manzoni di Forlì, un ricchissimo pescecane dell'epoca napoleonica, che non poté vedere la statua consegnata perché morì accoltellato, per vendetta di carboneria romagnola o altro, un anno prima che la statua giungesse a Forlì. La vedova se ne liberò nel 1830, e la comprò il diplomatico russo conte Nicola Dimitrievich Guriev. Ora, questo signor conte russo non è altri che quell'aristocratico e allampanato figuro dagli sporgenti occhi rospigni che si staglia, elegantissimo, in uno dei più bei ritratti dipinti dal grande Ingres, uno dei quadri più famosi conservati nell'Ermitage di San Pietroburgo e "ricevuto" dai discendenti della moglie, una Naryshkin, nel 1922. Ignoro se passò all'Ermitage soltanto questo quadro o tutta la collezione della famiglia, e se la *Danzatrice* di Canova non si trovi, magari confusa per una copia, in qualche deposito del museo. Sarebbe una bella ironia, e sarebbe bello cercarla, perché se non è andata distrutta mi par giusto poter sperare sia ancora in Russia.

Ancora un momento d'attenzione: il conte Guriev, che venne in Italia nel 1821 in viaggio di nozze per essere ritratto da Ingres, divenne poi ambasciatore di Russia a Roma. Da Roma, nel novembre 1835, scrive al re di Baviera la sua ninfa Egeria marchesa Florenzi, che il Torlonia non dà in questa stagione le sue famose e splendide feste «perché è assai malinconico per la partenza della Gurieff». Basta la malinconia del banchiere per mettere in dubbio l'onore di una Naryshkina e per di più ambasciatrice? Di lei non si sa altro che era molto bella, e ne fanno fede la vecchia foto di un ritratto del Fabre e il gesso di una statua di Bartolini – opere anch'esse disperse in Russia – e che nel 1835, quindi prima di partire da Roma, acquistò dal Bienaimé una statua di *Amore che aguzza il dardo sulla selce della via*. Se Torlonia ne aveva provato la punta, sapeva anche che l'ambasciatrice era la fortunata padrona della *Danzatrice* di cui fece eseguire una copia? Se volle per questa ragione un'altra *Danzatrice* tutta per sé sarebbe certo un indizio di gran delicatezza e singolare, per un uomo che ebbe la faccia tosta di far copiare un'opera del Canova dall'allievo prediletto del suo maggior rivale. Certo, non vi era rimedio al fatto che Canova fosse morto da più di dieci anni, e a dieci anni dalla sua morte si può ben dire che a Roma avesse vinto Thorvaldsen, uno scultore che non aveva fiato abbastanza per respirare la polvere di marmo e sostenere la fatica di lavorarlo come lo lavorava Canova. Testimone questa danzatrice di palazzo Corsini, che è una copia perfetta del modello canoviano, eppure opaca di pelle come un gesso e senza la leggerezza con cui solo il vecchio maestro sapeva vestire, a furia di trapano e scalpello, le sue donne di marmo.

M. F. A.

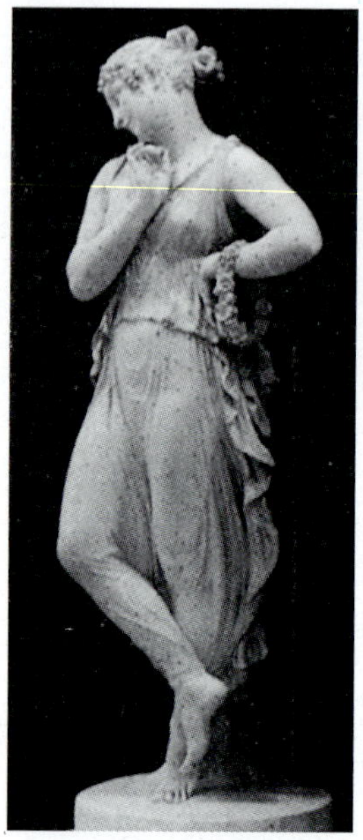

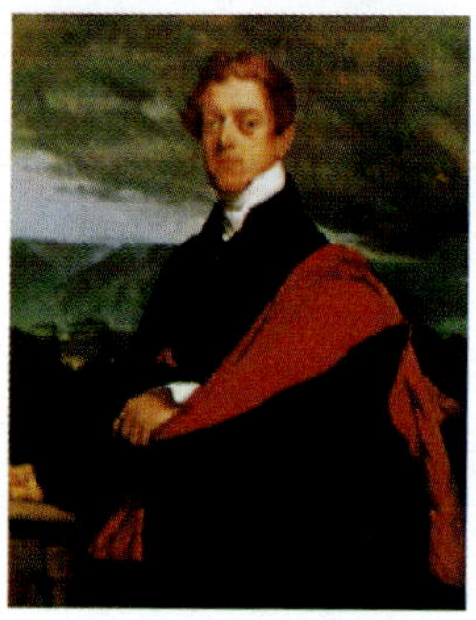

Al centro, dall'alto: *Danzatrice con il dito al mento* (1809), gesso; Possagno, Gipsoteca.

Jean A. D. Ingres, *Il conte Guriev* (1821); San Pietroburgo, Ermitage.

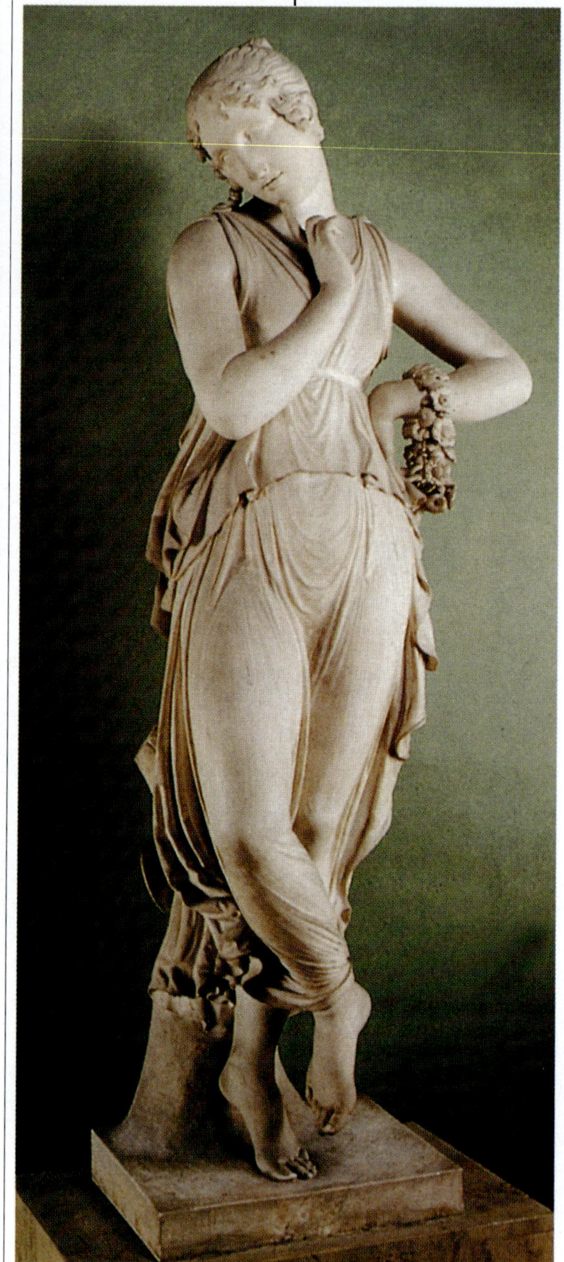

Qui sopra: Luigi Bienaimé, *Danzatrice con il dito al mento* (1830-1840), copia da Canova; Roma, palazzo Corsini, Galleria nazionale di arte antica.

«Non posso lavorare se non per amore»

CANOVA INNAMORATO

«E nelle statue finisce prima la testa; per potere (com'egli dice) innamorarsi del suo lavoro: perché (soggiunge) non posso lavorare se non per amore»: così

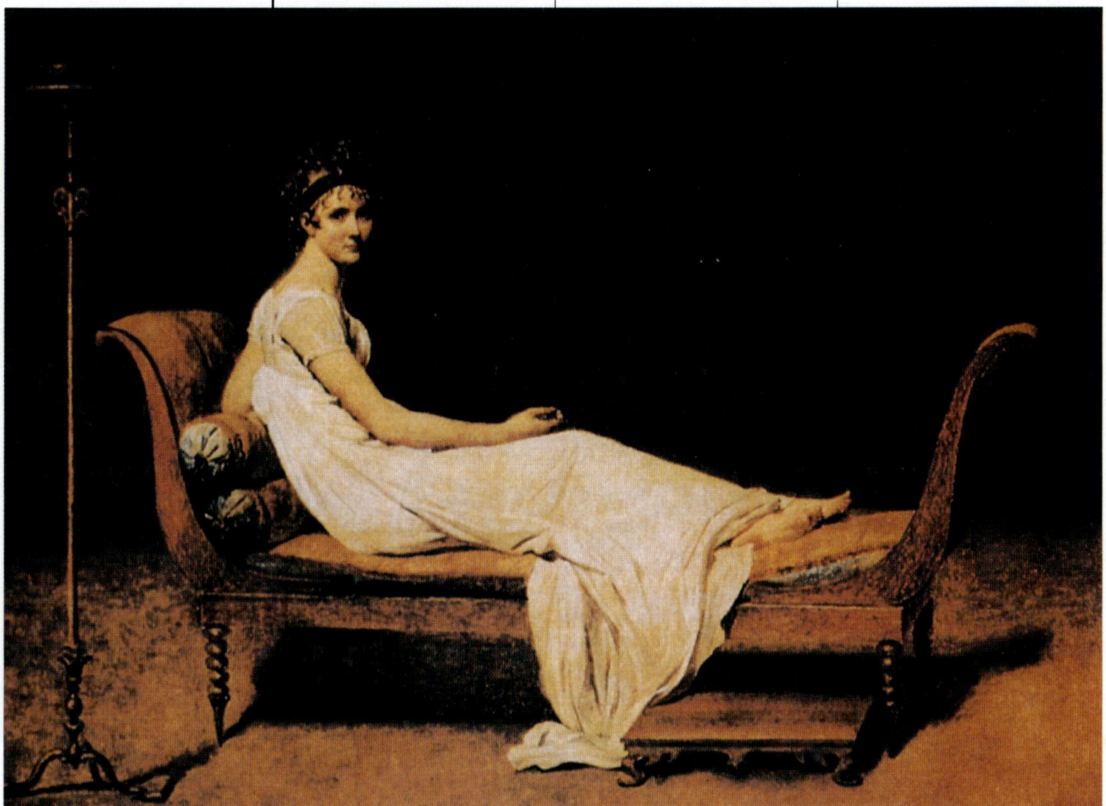

Qui sopra:
Jacques-Louis David, *Madame Récamier* (1800); Parigi, Louvre.

scrive Pietro Giordani, nelle bellissime pagine del suo *Panegirico ad Antonio Canova* (1810). Dove il mistero della vita sentimentale di Canova si risolve in sacrificio per amore dell'arte anche se, tra le righe castigate ma non ipocrite di Giordani, si legge che almeno di tentazioni ce ne sono state molte.

Che egli morisse vergine come un santo e martire della fatica del lavoro non è certo impossibile, ma è stato detto da chi avrebbe voluto veramente vedere lo scultore compreso nel calendario con gli altri: in verità già ci sono, a proteggere la scultura, i santi Quattro Coronati che sotto Diocleziano si rifiutarono di scolpire le divinità pagane, e Canova in cielo vicino a costoro davvero non ce lo vediamo.

Certo una storia sentimentale di Canova esiste, ed è graziosa: dalle promesse non mantenute che egli ebbe con le giovani di Possagno alla prima modella che vide nuda per scolpire la sua *Euridice*, fino alla bella Domenica Volpato che a Roma lo tradiva già da fidanzata e per sorprendere la quale Canova si nascose nella gerla di un panettiere.

Maggior corpo prendono i pettegolezzi quando la vita di Canova si incontra con quella dei francesi, diversamente da noi generosi di lettere e diari confidenziali: e infatti egli si

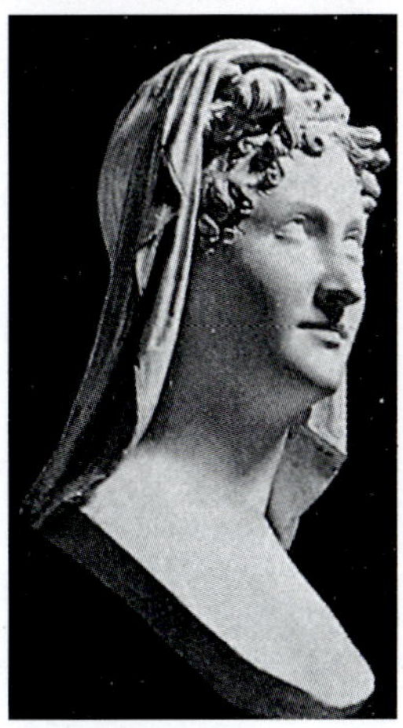

A destra:
Madame Récamier come Beatrice (1813); gesso, Possagno, Gipsoteca.

innamorò della più bella opera neoclassica fatta in quei tempi da madre natura, Giulietta Récamier, che Chateaubriand elevò nelle sue *Memorie d'Oltretomba* a monumento nazionale di Francia e che, esiliata da Parigi per ordine di Napoleone, venne a Roma nel 1813 come una «compensazione della Francia», sono parole di Chateaubriand, all'Italia privata delle sue più belle statue dell'antichità. Il cambio era allora decisamente sfavorevole.

In vacanza con lei ad Albano, commissionò al paesaggista Giovanni Battista Bassi una veduta con la finestra di Giulietta illuminata nella notte, l'ultima immagine che egli contemplava prima di addormentarsi. E Canova modellò un busto di lei che alla bella non piacque, offendendolo mortalmente. È strano pensare che anche David si seccò di lei e non finì mai il ritratto di Giulietta sdraiata sul sofà da allora in poi chiamato récamier, che è una delle più famose icone dello stile neoclassico. Canova cambiò il soggetto del busto in una *Beatrice* e si innamorò poco dopo di una baronessa spagnola, Minette d'Armendariz, per la quale corse più da vicino d'altre volte il rischio di sposarsi.

Stendhal, così francamente com'è suo solito, dice senza dubbi che Canova era l'amante della signora Teresa Tambroni, moglie di Giuseppe, direttore dell'Accademia del regno d'Italia e caldo ammiratore di Canova. Sappiamo solo che fu lei a dare l'idea a Canova del gruppo delle *Grazie* e che lei volle un suo ritratto dipinto in tutta segretezza dal giovane Hayez per farne dono a Canova.

Insomma, tanto vale che è meglio contentarsi delle parole di Giordani: Canova amò e fu pienamente riamato solo dalle sue statue.

M. F. A.

QUADRO CRONOLOGICO

AVVENIMENTI STORICI E ARTISTICI		VITA DI CANOVA
	1757	Nasce il primo novembre, a Possagno, da Pietro Canova e Angela Zardo.
Muore papa Benedetto XIV. Viene eletto il veneziano Carlo Rezzonico, papa Clemente XIII.	**1758**	
G. B. Piranesi: *Della Magnificenza ed architetture de' Romani.*	**1761**	Muore il padre a 26 anni.
Inaugurazione della Fontana di Trevi. Angelica Kauffmann a Roma.	**1762**	La madre si risposa con Francesco Sartori di Crespano. Antonio è affidato al nonno paterno Pasino.
Assassinio di Winckelmann a Trieste.	**1768**	Grazie al senatore Falier entra a studio presso lo scultore Giuseppe Bernardi detto Torretti, prima a Pagnano di Asolo poi a Venezia. Alla morte di questi rimane come aiutante del nipote Giovanni Ferrari, detto Torretti anche lui.
Affresco di Anton Raphael Mengs nella sala dei Papiri in Vaticano.	**1772**	Esegue i due *Canestri di Frutta.*
Bolla di soppressione della Compagnia di Gesù. Muore Pietro Bracci. Muore Clemente XIV.	**1773**	Falier gli commissiona due statue di pietra di *Orfeo* e di *Euridice.* Le eseguirà a Possagno.
Viene eletto papa Pio VI, Giovanni Angelo Braschi.	**1774**	
J. M. Vien diventa direttore dell'Accademia di Francia a Roma e porta con sé Jacques-Louis David.	**1775**	Studia all'Accademia. Esegue una copia dei *Lottatori* di Firenze. Nasce il fratellastro G. B. Sartori.
Muoiono G. B. Piranesi e il cardinale Albani.	**1778**	Apre studio a Venezia. Esegue *Alvise Valaresso come Esculapio.* Comincia il *Dedalo e Icaro* per Pisani.
A Venezia viene eletto doge Paolo Renier; il figlio Andrea, ambasciatore a Roma, è richiamato a Venezia. A Roma muore Anton Raphael Mengs.	**1779**	Espone il *Dedalo e Icaro* alla fiera della Sensa. Va a Roma, ospite dell'ambasciatore Zulian a palazzo Venezia.
Viene scoperto a Roma il sepolcro degli Scipioni.	**1780**	Va a Napoli, Paestum e Pompei. A Roma, espone a palazzo Venezia il gesso del suo *Dedalo e Icaro.* Torna a Venezia per finire la statua del *Marchese Poleni* per Padova.
	1781	Si stabilisce a Roma. Zulian gli commissiona un'opera a piacere: sarà il *Teseo trionfante sul Minotauro.*
A Roma si recita l'*Antigone* di Alfieri.	**1782**	Si fidanza con Domenica, figlia dell'incisore Volpato, ma lei sposerà Raffaele Morghen.
Edizione romana della *Storia delle arti del disegno presso gli Antichi* di Winckelmann.	**1783**	Grazie a Volpato ottiene la commissione del *Monumento funebre di papa Clemente XIV* per la basilica dei Santi Apostoli.
David torna a Roma per dipingervi *Il giuramento degli Orazi.*	**1784**	Stende il contratto per il *Monumento Rezzonico.*

AVVENIMENTI STORICI E ARTISTICI		VITA DI CANOVA
Goethe a Roma.	**1786**	Ritrae il nipote bambino della principessa Lubomirska.
Busto di Metastasio di Giuseppe Ceracchi. Arriva a Roma lo scultore e incisore John Flaxman. Muore Pompeo Batoni.	**1787**	Commissione dell'*Amore e Psiche giacenti* per il colonnello Campbell. Inaugurazione del *Monumento funebre di papa Clemente XIV.*
	1788	Statua del nipote della Lubomirska come *Amore* (e replica).
Pio VI condanna i principi della Rivoluzione francese.	**1790**	Firma e data il dipinto del suo *Autoritratto* (Uffizi).
	1792	Si inaugura il *Monumento Rezzonico* a San Pietro. Torna a Venezia e a Possagno .
Tumulti antifrancesi a Roma. Assassinio di H. de Basville. Vengono proibite le tragedie di Alfieri.	**1793**	Inizia la *Psiche* per Zulian e l'*Amore* per Yussupoff. Termina *Amore e Psiche giacenti.*
	1795	*Venere e Adone.* Va a Venezia per collocare il *Stele di Angelo Emo,* commissionato dalla Repubblica veneta nel 1792.
I francesi invadono le Legazioni.	**1796**	Termina il modello dell'*Ercole e Lica.* Scolpisce la prima *Ebe.*
Trattato di Tolentino. Fine della Repubblica veneta e trattato di Campoformio. Muore a Roma dopo un tumulto il generale francese Duphot.	**1797**	Napoleone dichiara Canova sotto la protezione dell'Armata d'Italia.
Occupazione francese di Roma e deportazione di Pio VI. Costituzione della Repubblica romana. Breve occupazione napoletana e ritorno dei francesi.	**1798**	Si ritira a Possagno. Viaggia con il Rezzonico in Austria e in Germania. A Vienna riceve la commissione per la tomba di Maria Cristina.
Morte di Pio VI a Valenza. Seconda occupazione napoletana. A Venezia si apre il conclave per l'elezione del pontefice.	**1799**	A Possagno dipinge il *Compianto di Cristo.*
Il conclave elegge Barnaba Chiaramonti, papa Pio VII. Vittoria di Napoleone a Marengo, la Repubblica cisalpina è di nuovo in mano ai francesi. Papa Pio VII sale al soglio pontificio.	**1800**	Viene a vivere presso di lui Giovanni Battista Sartori.
Muore a Venezia il musicista Domenico Cimarosa. Giuseppe Ceracchi viene giustiziato a Parigi. Il granducato di Toscana diviene regno d'Etruria.	**1801**	Termina il modello di *Ferdinando IV come Minerva.* Termina il *Perseo trionfante* e uno dei *Pugilatori,* il *Creugante.*
Ritorno della salma di Pio VI a Roma. Bonaparte console a vita. A Santo Domingo muore il generale Leclerc, primo marito di Paolina Bonaparte.	**1802**	È nominato cavaliere da Pio VII, poi diviene ispettore generale delle Antichità e belle arti. In ottobre è a Parigi per ritrarre il primo console.
Muore a Roma Giovanni Volpato. Paolina Bonaparte sposa il principe Camillo Borghese. Muore Vittorio Alfieri.	**1803**	Esegue il modello di *Napoleone come Marte pacificatore,* che viene esposto nel suo studio.

AVVENIMENTI STORICI E ARTISTICI		VITA DI CANOVA
Letizia Ramorino si stabilisce a Roma. Napoleone è imperatore dei francesi. Pio VII si reca a Parigi per incoronarlo.	**1804**	Visita di Pio VII per vedere il *Napoleone.* A Roma sistema a sue spese l'Accademia del nudo in nuovi locali. Commissione di un'altro *Perseo* per la contessa Tarnowska New York (Metropolitan Museum). Esegue un ritratto di Pio VII da donare a Napoleone (Versailles). Riceve la commissione del *Monumento funebre di Alfieri* dalla contessa d'Albany, di una copia della *Venere Medici* (sarà la *Venere Italica*) dal re d'Etruria, da Camillo Borghese di una statua della moglie Paolina Bonaparte.
Proclamazione del regno d'Italia. Ritorno di Pio VII. Andrea Appiani primo pittore dell'imperatore.Vittoria e morte di Horatio Nelson a Trafalgar. Napoleone entra a Vienna, battaglia di Austerlitz. Gli stati veneti sono annessi al regno d'Italia.	**1805**	Inondazione del Tevere: Canova rischia di rimanere schiacciato dal suo *Palamede* (Tremezzo, villa Carlotta). Modello per il ritratto di *Letizia Ramorino.* Va a Vienna per la posa del *Monumento funebre di Maria Cristina.* Commissione del principe Esterhazy per un ritratto della figlia, e per il conte Romanzow di una *Pace* (ora a Kiev).
Fuga di Ferdinando IV, Giuseppe Bonaparte re di Napoli. Dimissioni forzate da ministro del cardinal Consalvi. Napoleone entra a Berlino.	**1806**	Termina il *Napoleone* e inizia la *Danzatrice con le mani ai fianchi* per Giuseppina Beauharnais. Inizia le steli di *Giovanni Falier, Alessandro De Souza* e della *Contessa de Haro.*
Prima edizione dei *Sepolcri* di Ugo Foscolo. Muore a Frascati il cardinale Stuart, ultimo della sua casata. Napoleone acquista le antichità di villa Borghese. Muore Angelica Kauffmann. La Toscana è ceduta all'impero.	**1807**	È a Napoli per la commissione di una statua bronzea di *Napoleone a cavallo.* Termina il *Ritratto di Letizia Ramorino. Stele di Giovanni Volpato* nei Santi Apostoli a Roma.
I francesi occupano Roma. Gioacchino Murat diviene re di Napoli. Lo scultore Lorenzo Bartolini, allievo di David, viene mandato a Carrara per fondarvi la scuola di scultura.	**1808**	Contratto per la fusione del *Napoleone* per Milano (Brera). Si espongono al Salon di Parigi le opere eseguite per Giuseppina, il *Ritratto di Letizia Ramorino*, e la *Maddalena* Sommariva. Termina la statua di *Paolina Borghese come Venere vincitrice* e il busto di *Domenico Cimarosa* per il cardinal Consalvi.
Roma proclamata città imperiale. Elisa Bonaparte Baciocchi è granduchessa di Toscana. Arresto e deposizione di Pio VII, bolla di scomunica del papa, divorzio tra Napoleone e Giuseppina Beauharnais.	**1809**	Ottiene di poter ornare il Pantheon con busti di italiani famosi. Gesso della *Danzatrice con il dito al mento*, su cui scrive: «lavorata in giorni tristissimi».
Roma seconda città dell'impero. Si promuovono lavori pubblici e scavi. Matrimonio di Napoleone con Maria Luigia d'Austria. Pietro Giordani pronuncia a Bologna il suo *Panegirico ad Antonio Canova.*	**1810**	Inaugurazione del *Monumento funebre di Vittorio Alfieri* a Santa Croce a Firenze. Va a Parigi per ritrarre la nuova imperatrice Maria Luigia.
Nascita del re di Roma. Vincenzo Monti completa la sua traduzione dell'*Iliade.*	**1811**	Muoiono la governante, Luigia Giuli, e la madre Angela. Memoriale a Napoleone sulla tutela delle arti e antichità di Roma.
Campagna di Russia. A Roma Ingres dipinge *Romolo vincitore di Acrone* per il Quirinale, decorato come residenza imperiale.	**1812**	Scolpisce l'*Autoritratto.* Termina la *Tersicore* «mia favorita» (Mamiano di Parma, fondazione Magnani). Inaugurazione della *Venere Italica* a Firenze, ritrae Elisa Baciocchi. Dona a Isabella Teotochi Albrizzi un busto di Elena.
Guerra in Italia. Tradimento di Murat. Francesco Hayez, protetto di Canova, vince il concorso di pittura dell'accademia di San Luca a cui partecipò anche Ingres.	**1813**	Modello di *Elisa Bonaparte Baciocchi come Polimnia.* Va a Napoli per ritrarre Murat e sua moglie Carolina. Incontra a Roma Giulietta Récamier che ritrae come *Beatrice.* Modello delle *Grazie* per Giuseppina. Melchiorre Missirini, futuro biografo di Canova, è accolto a Roma come segretario.
Fine del regno d'Italia. Napoleone all'Elba. Ritorno di Pio VII a Roma. Muore Giuseppina Beauharnais.	**1814**	Termina la *Pace*; il suo progetto per la *Religione* da porre in San Pietro incontra forti opposizioni.
I "Cento giorni" di Napoleone. Ultima campagna e morte di Murat. Muore a Milano il pittore Giuseppe Bossi, sul cui monumento funebre verrà collocato il suo busto scolpito da Canova.	**1815**	Modello della *Religione* e statua della *Religione Protestante.* È inviato a Parigi dal papa per il recupero delle opere d'arte predate dai francesi. Grazie all'aiuto degli inglesi, la sua missione ha successo. Va a Londra dove è richiesto il suo giudizio sui marmi del Partenone.
Riforme amministrative del cardinal Consalvi. J. L. David, come regicida, lascia la Francia per Bruxelles.	**1816**	È nominato marchese d'Ischia. Modello del *Marte e Venere* per Giorgio IV d'Inghilterra. *Ebe* di Forlì.
Muore a Milano il pittore Andrea Appiani, da quattro anni semiparalizzato. Nasce a Siena Giovanni Duprè.	**1817**	Offre la sua *Polimnia* come omaggio delle province venete ai sovrani d'Austria. Si fonde a Napoli il *Cavallo* destinato a una statua di Carlo III. Le seconde *Tre Grazie* per il duca di Bedford.
È pubblicata a Roma l'ode *All'Italia* di Giacomo Leopardi. Francesco I d'Austria è a Roma.	**1819**	*Sepolcro degli Stuart* a San Pietro. Prima pietra del Tempio di Possagno.
Rivoluzione a Napoli e in Sicilia. Arresto di Pellico. Editto del cardinal Pacca sulle antichità e scavi.	**1820**	Modello per la *Ninfa dormiente.* Statua di *Ferdinando IV come Minerva.*
Moti in Piemonte. Morte di Napoleone a Sant'Elena. A Brusuglio Alessandro Manzoni scrive l'ode *Cinque Maggio.*	**1821**	Statua di *George Washington* (distrutta) per la città di Raleigh, nella Carolina del Nord. Inizia il *Pio VI orante* per San Pietro.
Congresso della Santa alleanza a Verona.	**1822**	*Marte e Venere.* Va a Possagno dove si ammala, portato a Venezia, vi muore il 13 ottobre. Funerali a San Marco e all'Accademia. Sottoscrizione di Cicognara per un monumento a Canova, inaugurato ai Frari cinque anni dopo.
	1823	G. B. Sartori vende lo studio di Canova a Roma. I gessi sono trasportati a Possagno.
	1830	Consacrazione del Tempio di Possagno.

BIBLIOGRAFIA

cfr:

Su Antonio Canova "Art e Dossier" ha pubblicato un articolo di G. C. Argan, La virtù visiva dell'anima, *nel n. 67, aprile 1992.*

Fonti: A. Canova, *I Quaderni di Viaggio* (1779-1780), a cura di E. Bassi, Venezia 1959; P. Giordani, *Panegirico ad Antonio Canova* (1810), in *Scritti*, Milano 1856; M. Missirini, *Della vita di Antonio Canova*, Prato 1824 e Milano 1825; A. d'Este, *Memorie di Antonio Canova*, Firenze 1864, che è anche l'autobiografia di questo vecchio coetaneo di Canova che divenne direttore del suo studio; A. Tadolini, *Memorie*, Roma 1900, che lavorò con Canova in gioventù; L. Cicognara, *Storia della Scultura*, Prato 1824, il cui ultimo volume è interamente dedicato a Canova ed alla cui redazione egli stesso collaborò con discrezione; V. Malamani, *Canova*, Milano 1911, a cui si deve anche una biografia di Cicognara (Venezia 1888) e l'edizione del carteggio di lui con Canova (Città di Castello 1890).

Cataloghi generali, monografie, saggi: E. Bassi, *Catalogo dei gessi e delle pitture nella Gipsoteca di Possagno*, Venezia 1957; idem, *Disegni di Antonio Canova nel Museo Civico di Bassano del Grappa*, Venezia 1959; G. C. Argan, *Antonio Canova*, Roma 1969; H. Honour, *Canova's Studio Practice*, in "Burlington Magazine", 1972; *L'Opera completa del Canova*, a cura di G. Pavanello, con introduzione di M. Praz, Milano 1976; F. Licht, *Canova*, Milano 1984; G Pavanello, *L'"Apollo che si incorona" ritrovato*, in "Antologia di Belle Arti", 1990; idem, *Antonio d'Este, amico del Canova*, ibidem, dove si restituisce a d'Este la paternità della tomba Pesaro in San Marco a Roma; M. Praz, *Il Gusto Neoclassico*, Firenze 1940; Milano 1990; AA. VV., *Canova all'Ermitage. Le sculture del museo di San Pietroburgo*, Venezia 1991; AA. VV., *Antonio Canova*, Venezia 1992.

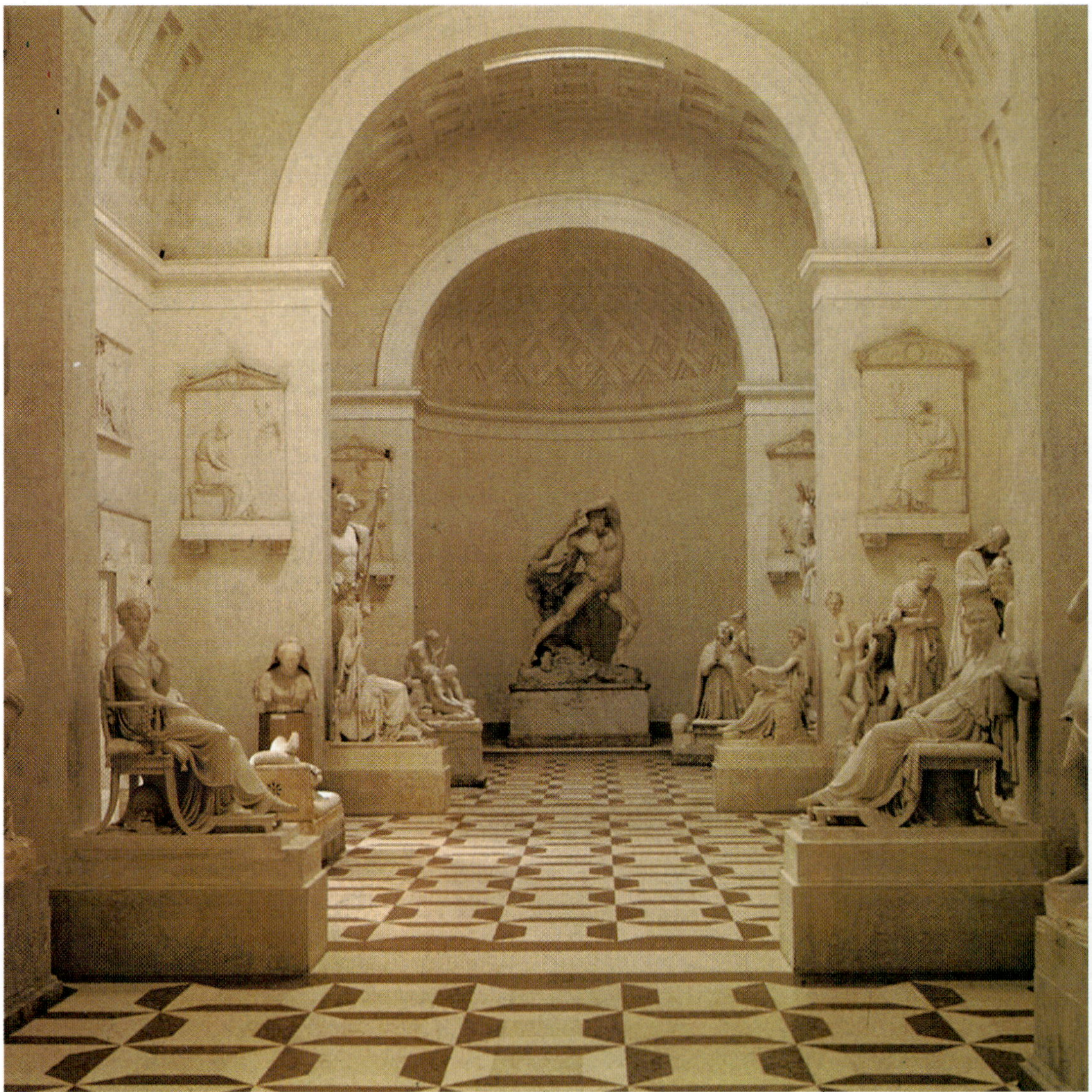

Possagno, interno della Gipsoteca.

REFERENZE FOTOGRAFICHE

Alinari: pp. 9a, 10d, 15, 16b, 17ac, 22.
Archivio Giunti: p. 24.
Cortesia autore: pp. 5, 13, 26.
Cortesia Museo Storico Navale di Venezia: p. 23a.
Doubles: pp. 10b, 50.
M. Jodice: copertina, pp. 4, 8, 12, 27.
Museo di Bassano del Grappa: p. 25.
Réunion des Musée Nationaux di Parigi: pp.29, 30.

Art e Dossier
Inserto redazionale allegato al n. 68, maggio 1992

Direttore responsabile
Bruno Piazzesi

Pubblicazione periodica
Reg. Cancell. Trib. Firenze n. 3384 del 22.11.1985

www.giunti.it

Printed in Italy
Stampa presso Giunti Industrie Grafiche S.p.A.
Stabilimento di Prato

Iva assolta dall'editore a norma dell'articolo 74 lett. c - DPR 633 del 26.10.72

Fascicoli e dossier arretrati:
Servizio abbonati
Tel. (055) 5062267
Fax (055) 5062397
c.c.p. 12940508
intestato a Art e Dossier, Firenze

ISBN 88-09-76164-2